歴史学で卒業論文を書くために

卒論
SOTSURON

村上紀夫

JN189020

創元社

はじめに

一二月ごろになると、大学では必ず悲喜劇が演じられる。

歴史はくり返すという格言があるが、それに対して「一度目は偉大な悲劇として、二度目はみすぼらしい笑劇として」と付け加えたのはマルクスである（『ルイ・ボナパルトのブリュメール一八日』横張誠他訳『マルクス・コレクションⅢ』筑摩書房、二〇〇五年）。毎年のように締切直前になって慌てふためく人たちや、青い顔をして助けを求めにやってくる人が現れる。教員は毎年のことなので、何度も注意をしていたのに。そして、先輩たちが、あれほど「もう少し早く勉強を始めていたら」と反省し、「もっときちんと勉強しておけばよかった」と後悔をしているのに。「歴史を学んで」いながら「歴史に学んでいない」から、毎年のように同じトラブルが発生することになる。

本書は、なによりそういった悲喜劇をくり返さないために、できるだけ早くから卒業論文に向けた作業を徐々に進められるように、四年生の四月から提出後まで順を追って、するべきことを解説した。

生まれて初めて「論文」などというシロモノを書くわけだから、どうすればいいかわからないことばかりだろう。これまで、授業の中でレポートの書き方などについては教わる機会もあっただろうが、専門的な学術論文となれば一気にハードルが上がってくる。作業を始めてみれば、研究史整理、史料引用、分析、注……と戸惑うことも多いと思う。

そこで、本書では生まれて初めてロンブンを書くという人のために、なるべくわかりやすく、卒業論文の書き方を説明してみることにした。

やってしまいがちな誤りを具体的に挙げながら、そういった間違いをしないようにするにはどうすればいいかについて、わかりやすく説明をするよう心がけた。

学問の楽しさと卒業論文

四年間にわたって大学で歴史学を学び、そこで身につけた方法や知を駆使して、他の人が気づいていない「発見」をする。それを学術論文のかたちでまとめ、人に伝えるのが卒業論文というものである。

卒業論文を書くという行為は大変だろうとは思うけれど、研究の面白さに触れる機会なのだから、本気で取り組んでみると、きっと楽しかったと思えるはずだ。

何といっても研究というのは、誰もやっていないことをする、とても創造的な作業である。あなたが見つけたことや明らかにしたことは、ささやかなことかもしれない。それでも世界中の誰も気がついていないこと、知らないことを自分だけが知っているかもしれないとなったら、とても気持ちがいいとは思わないだろうか。

大抵のことはインターネットを使えばすぐに答えがわかる。そんな時代だからこそ、苦労して誰も知らない事実を、自分の力で見つけた経験は貴重なものになる。

推理小説作家の京極夏彦《きょうごくなつひこ》は、学問について「積み上げた時に得られる快感は、プロセスを省いて安直に求めたそれとは比べ物にならぬ程大きい」といっている。そして、「学問は神が人に与え給うた何よりの娯楽なのだ」と続けている（京極夏彦「解説　学問という縦軸、娯楽という横軸。」小松和彦『京都魔界案内』光文社知恵の森文庫、二〇〇二年）。

「娯楽」といわれると、抵抗を感じる人がいるかもしれないが、学問に本気で取り組んだ人だけが味わえる感覚は絶対にある。そんな感覚を、みなさんにも感じてもらいたい。せっかく大学に来て四年間にわたって学んできたのだから。

歴史学の「発見」とは

そんなことをいっても、新しい「発見」なんて学生にできるはずがない。だから、卒業論文なんて書けそうにないと思うかもしれない。

新聞やニュースなどの歴史学に関する報道といえば、新しい古文書や史料の発見ばかりがとりざたされている。そのせいか、一般的には歴史学の「発見」とは、新史料の発見であるかのように思われているフシがある。

歴史学の「発見」が未知なる史料の発見だったとしたら、いつか、すべての史料が発見し尽くされたら、歴史学という学問はその役割を終えてしまうことになるだろう。実際には、もちろんそんなことはない。

日本思想史研究者の村岡典嗣《むらおかつねつぐ》という人は「歴史は決して、例へば鉱脈が地中に伏在して、発掘を俟《ま》つてゐる如きものではない」と述べている（村岡典嗣「日本思想史の研究法について」前田勉編・村岡典嗣著『新編日本思想史研究』平凡社東洋文庫、二〇〇四年、二四頁）。歴史学というのは、すでに知られている史料を読み直していくなかで、それまで気づかなかったことに気づいたり、見落とされていたことが発見されたりして、歴史を見る新しい視点や切り口が見出され、進歩していくものだ。

古文書や史料の新発見だけが歴史学の「発見」だとすれば、学部の学生くらいでは、それをなしとげることは決して容易なことではないだろう。しかし、適切に研究テーマを絞り込んでおけば、史料と向きあっていくなかで感じた自分なりのひっかかりや、小さな疑問をきっかけにして、他の人が気づいていない小さな「発見」をしていくことは、必ずしも難しいことではないだろう。

なんのために卒業論文を書くのか

大学にもよるが、卒業論文といえば二万字近い文章（筆者の勤務校では注を除き本文だけで一万二〇〇〇～二万字）が求められることになる。普通の人なら、おそらくこんなに長大な文章を書くことは、一生に一度だけのことだろう。

どうして苦しい思いをして、こんなものを書かなければならないのか……卒業論文の執筆中には、ふとそんな思いが頭をよぎることがあるかもしれない。

そもそも、あなたが取り組もうとしている卒業論文のテーマを選んだ理由はなんだろう。新撰組が好きだった、戦国時代の武将に関心があった、授業で習った女性史が面白かった……と理由はさまざまだろう。だが、もう少しつきつめて考えてみれば、あなたがそのテーマを「面白い」「もっと知りたい」と感じた何らかの理由があるはずだ。それが何かは人によってさまざまだろうが、これまで生きてきたなかでのあなたの経験が、そのテーマのどこかと響き合ったに違いない。
つまり、あなた自身の何かに触れたそのテーマ、気になって仕方がない対象に対して学問的に徹底的に取り組んでみるという作業は、実は自分自身を見つめる作業でもあるのだ。「知りたい」と思えた「こだわり」のテーマに対して、一定の距離をとりつつ、その歴史的な背景を学問的に掘り下げていく作業――。卒業論文を書くという行為は、自分自身と向き合うことだといえる。苦労して納得のいく卒業論文を書き上げて、無事に提出を終えた学生が本当にみんないい顔をしているのは、きっとそのせいなのだろう。

だから、どうせ書くなら、いい卒業論文を書いて、やりとげた達成感を味わってほしい。簡単なことではないが、学問と向き合って、自分自身で見つけた課題の研究に精いっぱい取り組んでみるのも、一生に一度くらいは挑戦する価値があるのではないだろうか。

本書の使い方

残念ながら、卒業論文を楽にすませるためのコツや秘訣はない。秘訣はないが、これだけは間違いないという唯一のアドバイスは、「早め早めに手を付け、作業を進める」ということにつきる。何ごともギリギリになってやると、いろんな失敗がつきものである。

もし、あなたが大学の三年生（三回生）だったり、四年生で、この本を手に取っているのがまだゴールデンウィーク前だったなら、本書を通読して、卒業論文を書くために必要な作業の流れを把握し、あとで慌てなくてもいいように、作業計画をたててほしい。就職活動や、教職志望なら教育実習や教員採用試験などがあれこれと入り、忙しくなってくる。そんななかで、うまく時間を使うには、あらかじめ全体の流れを頭に入れておいた方がいい。

夏休みの前くらいなら、前半はさっと流し読みをして、五章あたりから読んでもらうといいだろう。有効に夏休みを使えるかどうかで、卒業論文の出来は大きく左右される。夏休みをうまく使うことができさえすれば、遅れは取り戻すこともできるだろう。

そして、もし今が夏休みを過ぎていて、卒業論文が待ったなしの状況だったとしたら、とにかく目次を見て、今あなたに必要なところを読んでほしい。後半には、卒業論文の執筆作業をするにあたって必要な項目ごとに、できるだけ具体的に、何に注意して、どうすればいいかを書いている。困っていることがあれば、何かのヒントになるかもしれない。

「歴史」を学びたいと思って大学に来てくれた人にとって、「歴史」を学ぶことが辛い思い出で終わってしまうのはとても寂しいことなので、本書によって卒業論文が「苦しい」だけのものではなく、いくらかでも「楽しい」ものになればと願っている。多くの「卒業論文を書くにはどうしたらいいの?」と困っている人の助けに、少しでもなればと思う。

本書の対象

本書は、卒業論文を課している大学、あるいは短期大学などに通学する学生を想定して、四月から提出までの作業を順に書いている。細かい点は、それぞれの大学の規定や慣習によって異なる部分もあるだろうが、基本的な部分は大きく変わらないだろう。

それから、大学の通信教育過程で学ぶ人も多い。通信となると、どうしても書面でのやりとりが中心になり、卒論指導も内容面でのアドバイスが多くなり、論文の書き方については、残念ながら具体的に説明する機会はあまりとれない。そのため、卒業論文を書くときに、内容以上に「書き方」で悩む人が多いようだ。本書はそういう学生にとっても、何かの役に立つことがあるのではないかと思う。通学課程とはスケジュールなどが違うだろうし、時間の使い方も違ってくるだろうが、卒業論文を書くという点では同じはずだから。

また、歴史学は決して大学の専有物というわけではなく、すべての人に開かれた学問である。歴史に関心を持っている人や勉強してみたいと思っている人にとっても、本書が「学問としての歴史」とはどのようなものかを知るための参考になれば嬉しい。

本書は、基本的には文系の歴史学の卒業論文を想定して書いているが、歴史学のみならず広く人文科学の分野で卒業論文を執筆しようとしている人にも役立ててもらえるよう、一般化を心がけた。自分自身の専門が日本史なので、あまり他分野についての具体的な説明はできていないかもしれないが、卒業論文という学術論文を書く上での注意事項や心構えなどは、多くの点で分野を超えて共通する部分も多いのではないかと思う。

❖目次

歴史学で卒業論文を書くために

装丁　森裕昌
組版　寺村隆史
イラスト　井上ミノル

第1章

卒業論文の前に

準備するもの

四年生の春になったら、最初にしてほしいことが二つある。一つはノートを買うこと。もう一つはファイルを買うことである。

ファイルは箱型のボックスファイルが容量も大きくて使いやすいと思うが、まあ何でもいい。さしあたってはクリアファイルでもいいし、何ならA４くらいの紙が入るような大きめの菓子箱でもいいだろう。これから卒業論文を書くまでには、色々な紙が溜まってくることになる。論文のコピーや見つけた史料のコピー、それから卒論ゼミで発表したレジュメや提出して先生からのコメントが付いて返ってきたレポートなどなど。もしかしたら、先生が史料や論文のコピー、情報を書いたメモを渡してくれるかもしれない。友人が史料を探していた時に、偶然見つけた史料のコピーをくれることもあるだろう。

こういう紙類は、うっかりすると他の授業で配布されるレジュメや、就職活動関係の書類、さらに古新聞古雑誌などと混ざってしまって、必要なときにどこにあるかわからなくなり、家捜しをするハメになってしまう。そんなことのないように、ボックスファイルなどにポイポイと放り込んだり、クリアファイルに挟み込んだり、とにかく一ヶ所に集めて置いておく。それだけで、かなり無駄な作業が省けることになる。そして紙が増えていっぱいになったら、同じファイルを買い足して史料と論文などに仕分ければ、さらに効率はあがる。

ノートには、ゼミ発表の時にもらったコメントだけでなく、卒業論文のために論文や本を読んでいて見つけた「これは読まなきゃ」と思った論文や史料をメモしておく。それから、論文の要旨や史料を読んでいて気がついたことなど、とにかく何でもメモをする。もちろん、パソコンやスマートフォンなどの電子機器をメモ帳がわりに使ってもいいけれど、電源不要でいつでもメモできて、あとで全体をパラパラと見なおすことができるので、紙の方が便利だと思う。ノートならメモ書きや図など、何だってとにかく書いておけるのだから。

大切なのは、情報を一ヶ所に集めておき、あとで何か探すときにも、ここを見ればいいというようにしておくことだ。

作業は迅速に

勉強しているときはもちろんだが、通学途中、食事中、寝ているとき、トイレなどなど、いつ思いがけないアイデアが浮かぶかわからない。そして、人間の記憶というものは実に頼りない。そのうちに、と思っていたら、他のことをしているうちにすっかり忘却の彼方に消えていってしまう。だから、とにかくメモをする習慣をつけること。これは、ゼミ発表の際に出された質問やアドバイスなどももちろん一緒。その場できちんと書き留める習慣をつけること。たまに教員の話をぼ〜っと聞いて、最後に板書をスマートフォンで撮影して帰るツワモノがいて呆気にとられることがあるが、これはやめてメモをとる訓練をしておこう。社会に出てからも、会議や取引先との打合せの時に、メモをとる訓練をしておいたことが、きっと役に立つはずだ。

それから、ノートにとるだけ、メモするだけで終わってはいけない。卒論演習などの時に指導教員が薦めてくれた関連論文や史料はメモして、できるだけ早く図書館にいって見るようにすること。次に指導教員のところへ相談にいったときに、前に「見ておくように」と言ったはずの本を読まずに来ていたりしたら、やはり相手はいい気持ちはしない。どうせ今あれこれ教えても、ろくに聞いちゃいないんでしょ……なんて、先生が拗《す》ねてしまうかもしれない。しかしながら、最大の問題は、教員自身も言ったことをきちんと憶えていないのだ。人間の記憶というものは実に頼りない。これは学生だけの話ではない。まあ、すべての教員がそうだとは断言できないが。

指導教員だってその時その時の関心が異なるわけで、場合によると以前聞いたアドバイスや参考文献は、その時にたまたま思いついたものかもしれない。だから、あとになって「先生、去年の六月にゼミ報告をしたときに教えてくれたナントカっていう論文、あれ何でしたっけ」と言われても、絶対に答えられない。だからその時のアドバイスは、一期一会だと思ってちゃんとメモして、できるだけ早めに確認をしておくようにしよう。

第2章 卒業論文の題目を考える

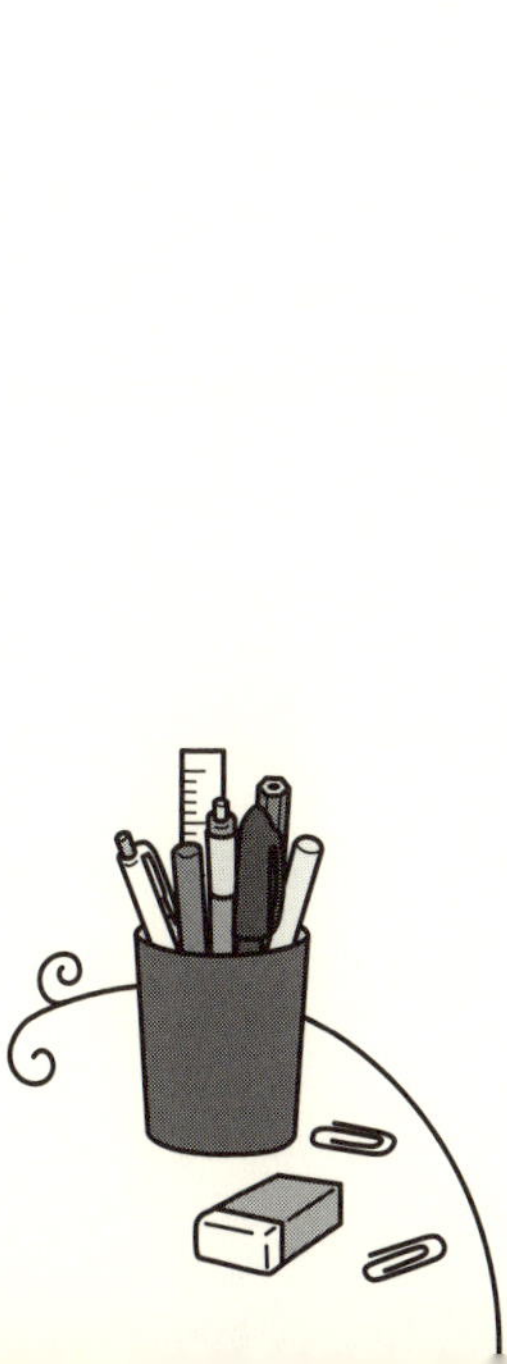

研究テーマを決める

卒業論文のテーマは自分で決めないといけない。人が与えてくれるものではない。これまでの「お勉強」は、与えられた課題を解くことだったが、卒業論文は課題を自分で見つけることから始めなければならない。念のためにいっておくが、楽にできるテーマなどありはしない。そんなものがあったら誰も苦労はしないだろう。だから、楽ではないが、楽しくできそうなテーマを見つけてほしい。

なかには、あきらめが早すぎて、少し勉強しただけで「難しそう」などといって、すぐに投げ出してしまう人もいる。そして、次々と卒業論文のテーマを変えているうちに、何もできないまま、時間だけが過ぎていく。早めのうちなら方向転換も悪くないが、テーマが決まらないと、いつまでも先行研究の整理や史料の収集といった作業に入ることができず、手遅れになってしまいかねない。どんなテーマでも難しいのは当然なのだから、時間切れになる前に、腹を括《くく》ることも必要である。

テーマを自分で見つけろといわれても、何をしていいかわからないという人もいるだろう。そんなことといわれても、自分にはできそうにないと尻込みしてしまうかもしれない。しかしこればっかりは他の人にやってもらうことはできない。

基本的には、十分な史料があって、ある程度の研究蓄積のあるテーマが望ましい。史料がなければどうしようもないし、手がかりになるような研究がまったくないようなら、史料探しから研究の方法論まで、全部を自分で試行錯誤しなければならないので、大変な作業になってしまう。これまでの授業で学んだことを念頭において、通史や新書などを読んでみる。そして、どんな研究のトピックスがあるか、どんなことがわかっていて、何がわかっていないかを把握しながら、自分が興味を持ったテーマを選んでいくのが理想である。「明智光秀について知りたい」や、「食文化について調べてみたい」など、テーマが漠然としすぎている場合は、そのままでは次の作業に移れないので、もう少し絞り込む必要があるだろう。

とはいえ、どうしても挑戦したいテーマがあるなら、それが可能なのか、どういうアプローチをすればよいかをよく考えないといけない。

その辺は、指導教員としっかり相談しながら、「やりたいこと」と「できること」の間でほどよい落としどころを見つけていこう。誰だって「できないこと」に厖大《ぼうだい》な時間を費やして、結局「できなかった」から卒業できないということはしたくないだろう。

研究テーマへのこだわりを

せっかく大学に来て取り組むのだから、自分が一番やりたいことを選んでほしい。だが、「やりたいこと」と「できること」は必ずしも一致しない。漠然としすぎていると難しい。それから、史料がなかったり、反対に史料が多すぎて数年では手に負えない場合、史料が海外にしかない場合などなど。また、大きすぎるテーマは一つの論文には収まらないから、適切に絞り込んでいく必要があるだろう。

テーマを設定する時に少しだけ考えてほしいことがある。そのテーマを選んだ理由である。知りたい、気になった、好きだった、興味があった……と色々な理由があるだろう。なかには、その勉強をしたくて大学に来たという人だっているかもしれない。

とはいえ、論文を書くときには、その私的こだわりや私情を前面に出すことはしないで、研究史とかかわらせて学問的に論じることになる。ここで、あなたの「こだわり」というプライベートなことが、歴史や社会と接点をもつことになる。

自分の「こだわり」というと、どうしても視野が狭くなってしまいがちなのだが、それが学問的課題や社会とどうつながっているかが大切である。あなたの「こだわり」から出発して、それが世の中とどう切り結ぶか、せっかく大学で学問をするのだから、このことは頭の片隅において忘れないでいてほしい。だからこそ、テーマは自分で選んで、最後まで取り組んでほしいと思う。

題目を提出するために

多くの大学では卒業論文提出よりも前、四年生の春くらいには卒業論文の題目提出があるのではないだろうか。このタイトルで卒業論文を書く意思がある、と大学の事務室に書類を提出するものだ。

このあたりで、卒業論文の提出締切が遠い未来のことではなく、次第に近づいてきているという、深刻な事実を再確認する必要がある。もう、のんびりしている余裕はないのだ。就職活動が忙しい、教育実習で準備する時間がなかった……探していけば色々な「言いわけ」は見つかるだろうが、そんなことは誰も聞いてはいない。とにかく、何が何でも残された時間で規定枚数……大抵は二万字近い論文を書かなければいけないのだ。これまでのレポートとはわけが違う。覚悟を決めよう。

そこで卒業論文の題目を考えるというのは、自分の研究の進捗状況を知るためのとてもいい機会になる。まず、これまでの研究発表や提出したレポートを思い出し、自分がやりたいテーマをどのような視点で論文にするかを考えること。

大切なのは、論文というのは「広く浅く」ではなく、「深く掘り下げる」ことが求められるということだ。一本の論文にするには、かなりの絞り込みが必要となる（ただし一点集中の場合、暗礁に乗り上げるとどうしようもなくなってしまうので、軌道修正の余地も残しておかないといけないのだけれども……）。

論文のタイトルを考えることは、今後の研究計画を立てる作業でもある。そこで、自分の研究テーマについて、どのようなことをしようとしているのか、以下の四点に分けて、よく考えてみること。

①対象（何を研究するのか）
②時代（歴史学ですから）
③地域（フィールド）
④方法（どういったアプローチをするか）

論文の題目には、これらの要素ができるだけ入っているように。つまり、対象・時代・地域・方法である。これらを絞り込み、キーワードを組み合わせる。たとえば、「幕末期外様大名の上京とその役割」「幕末・維新期における畿内近国譜代小藩の権力構造」「『若山要助日記』に見る幕末京都の世相」といった感じだろうか。

もちろん、作業途中なので絞りきれていない部分もあるだろうから、今のうちは、少し広めのタイトルにしておいて、卒業論文の提出時には、必要に応じて副題をつけるというのもアリ。絞り込めていない部分は、あとで副題をつけて対処するにしても、題目提出の時点である程度の方向は決まっていないと話にならない。

ありがちなダメタイトル

よくあるダメなタイトルとして、「新撰組について」などがあるが、これは不可。論文は何かについて論じるもの。だから、その対象をどう分析するかわからないのはダメ。新撰組の何をどのように論じるのか、これではわからない。「武田信玄についての一考察」も一緒。武田信玄の何をどう考察するのか明らかにしよう。

それから「東大寺の歴史」といった類もダメ。古代・中世・近世と、東大寺や大仏については詳細な研究がいくつも出されている。そんななか、東大寺の建立から現代までを叙述しても、今さらわかりきったことがダラダラと続くだけのものになる。そんなものは論文ではない。東大寺の概要を知りたければ平岡定海《ひらおかじょうかい》『東大寺辞典』（東京堂出版、一九九五年）という便利でよくできた本があるので、今さらあなたの論文を読む必要はない。ある時点の何かに絞らないとダメ。「摂関政治の研究」なども同様である。

取りあえずキーワードをつなげました、みたいな「富士信仰と日本人」もいただけない。AとBとの関係をどのように論じようとしているのか、もっと方法を絞り込む必要がある。

あと、頭のなかの混乱状況をそのまま表題にしたような「伊勢御師の成立と展開、その終焉と現代への影響」みたいなのもアウト。成立か展開、終焉だけで論文になる。これまでの準備ができていないから、薄っぺらいものになる。薄く広いタイトルが出てくる場合は、大抵は本を何冊か読んでまとめただけの、ただ長いだけのレポートもどきが提出される可能性が高い。

学生から相談されるタイトル案を見て、しばしば「これなら本が書けるね」と答えることがあるのだが、勘違いしてはいけない。これは、決して褒《ほ》めているわけではないのだから。その意欲は買うが、壮大すぎ、野心的すぎるので、もっと絞り込まないとまとまらないよ、という皮肉である。

提出前には一度、見なおすこと。やたら長すぎるものや、「の」が何回も出てくるもの、同じ言葉が二回以上出てくるのは美しくない。たとえば、「近世の奈良町の酒屋の経営について」や「平田篤胤の祖霊観の形成の考察」、「仙台藩の仙台城下支配」とか。できれば、言葉が重複しないように整理して、すっきりしたタイトルにしたい。

タイトルが決まらないなら

とにかく、タイトルが決められないとすれば、これは現時点で作業が遅れていることを示す危険信号であることを自覚すること。自分が何をしたいか、何をすればいいか、方針を明確に決められていない証拠である。

取りあえず、これまでのレポートや演習報告を思い出そう。そして、キーワードになりそうな言葉を紙にできるだけたくさん書き出すこと。そのなかから、対象・時代・地域・方法に関わりそうな言葉を拾い出して、「の」「と」でつないでみよう。それっぽいものができれば、まあ取りあえずは卒業論文の題目提出だけはしのげそうだ。あとは、じっくり内容を詰めていこう。

何をするか、あまり決まっていない場合は、今の時点で手元にある史料にどんなものがあるかを考えよう。これまで集めてきた史料を、どうすれば一番活かすことができるか。史料がなければ論文にはならないから、一から新しく史料を集めるのは大変な作業だ。これまでの演習では、まがりなりにも史料を使って発表してきているはずなので、手元にある史料を手がかりにしてできることを考えること。

それでもどうしていいかわからない場合。これはもう危機感をもたないと悲惨なことになる。すでに相当の遅れを自覚しないとあとで大変なことになるだろう。

何をするか決まっていれば教員もアドバイスのしようがあるが、それさえも決まっていなければ助けようがない。作業を先送りしていてもあとが辛くなるだけである。とりあえず、題目提出締切まで、必死になってどうするか考えよう。

第3章 論文の集め方と読み方

先行研究を集めよう

卒業論文というのは、なんといっても学術論文なので、まず先行研究を無視したものは論文とはいえない。自分の思いや夢を語るのではなく、自分が取り組もうとしているテーマについて、これまで他の人がどのような研究をしてきたかをふまえ、それに何を新しく付け加えることができるかが問われる。だから、そもそも現時点における研究の到達点を把握していなければ話にならない。

自分の「思い」や信念で何かを主張できたつもりでも、それが遠い過去に葬り去られた学説とまったく一緒だったら、ちょっと恥ずかしいだろう。もちろん、過去に否定された学説が研究の進展とともに息を吹き返したり、再評価されることはある。しかし、それでも過去に何が問題とされて否定されたのか、それをおさえたうえで再評価をしていかないと生産的な議論にはならない。

とにかく、学問というのは積み重ねのうえになり立っている。これまで多くの人が積み重ねてきた研究成果には敬意を払いつつ、それを批判し修正することで、学問は前に進んでいくものである。

そこで、自分が研究しようと思っているテーマについての先行研究を、精査することが必須になってくる。学生から、しばしば「どの程度、論文を読んだらいいですか」とか「これも読まないとダメですか」といった質問を受けることがあるが、基本的には関連するものはすべて読む。すでに誰かが見つけていることなのに、自分が発見したつもりになって論文をまとめていて、提出直前になって周知の事実だったことに気がついてしまったら……。その時点で、あなたの卒業論文は瓦解してしまうことになる。とにかくできるだけ早いうちに、全部に目を通す必要がある。

まず文献目録を

当然ながら、重厚な蓄積のある研究テーマほど、先行研究の調査収集は不可欠になる。テーマが大きすぎたり、漠然としすぎていたら、集めて読むべき論文の範囲も広くなりすぎる。その点、邪馬台国などはオススメできないテーマである。何といっても、邪馬台国は文献目録だけで本になっている（渡辺三男監修・三木太郎著『邪馬台国研究事典　文献目録1編年篇』新人物往来社、一九八九年、同『邪馬台国研究事典　文献目録2人名篇』新人物往来社、一九八九年）。

文献目録というのは、論文のタイトルと掲載書名などを記したリストであるから、邪馬台国について研究しようと思えば、おそらく文献を集めるだけで四年間が終わってしまうことになるだろう。テーマを適切に絞り込み、そのうえで先行研究を収集し、しっかりと読みこんでいく。そのなかで、先行研究を批判し、新しい課題を見つけていくことになる。

まず、あなた自身で文献目録を作成しよう。自分が取り組む研究テーマに関する論文のリストの作成である。著者名・論文名・掲載されている書物や雑誌名、巻数・号数、発行所、発行年は最低限必要な情報である。これを手がかりに、論文を集めて読んでいくことになるし、必要に応じて増補していくことになるだろう。実際にやってみるとわかるが、不足のない文献目録をつくるのは相当に手間のかかる作業である。

よく、「先生、〇〇について読むべき文献のリストをください」といわれることがあるが、こうしたことをいってくるのは文献リストをつくる大変さがわかっていない証拠であり、つまりは基礎的作業すら始めていない証しである。もちろん、教員が知っている文献があれば教えもするし、気づいたものがあれば情報提供もするだろう。しかし、文献目録の作成は、あなたが自分でするべき作業なのである。

論文探索と「講座もの」

論文を探すには、色々な方法があるが、基本は手がかりになる研究論文を見つけ、あとはその論文の「注」を見て、そこで引用・参照されている文献を見る。そしてまた、その論文の「注」から新しい論文を見つけていく……といった芋づる式になる。

問題は最初の手がかりになる研究をどうやって見つけるかだろう。一般的なやり方としては、「講座もの」といわれる書物をひもとくこと。「講座もの」は、複数の研究者が時代・テーマ別に論文を書き、その時点での研究水準や課題を示しているから、研究の入口としてふさわしい。

代表的な「講座もの」としては、岩波書店から刊行されているものが挙げられるだろう。

『岩波講座日本通史』全二五巻（岩波書店、一九九三～九七年）

『岩波講座日本歴史』全二二巻（岩波書店、二〇一三～一五年）

これ以前にも、七〇年講座、六〇年講座と通称される『岩波講座日本歴史』が刊行されている。半世紀以上前のものだが、これらに掲載されている論文には、現在でも研究史を振り返るなかで言及されているものも多い。

もっとも、これらの論文は、執筆当時の「現代的課題」や歴史学の研究潮流を反映している。六〇・七〇年代の論文は、マルクス主義の影響を色濃く受けており、一国史的な発展段階論や階級闘争などに結びつけて論じられたものも多い。その後の歴史研究では、こうした業績をふまえたうえで、国境や時代区分を問い直したり、女性史・社会史などの新しい方法や視点を取り入れたり、都市や環境などを対象化していくなどの試みが続けられてきた。

論文の内容のみならず、書き手の問題意識を理解するためには、執筆当時の「現代的課題」

や歴史の見方・考え方（歴史観）を知っておくのが有効だろう。戦後歴史学については、古典的だが遠山茂樹《とおやましげき》『戦後の歴史学と歴史意識』（岩波書店、一九六八年）がオススメだ（近年では、戸邉秀明「マルクス主義と戦後歴史学」『岩波講座日本歴史　第二二巻　歴史学の現在』岩波書店、二〇一六年がある）。

「講座もの」のさまざま

他にも、日本史を研究する東西の大きな学会である歴史学研究会・日本史研究会が共同で編集した、東京大学出版会から刊行される「講座もの」もある。最も新しいシリーズは歴史学研究会・日本史研究会編『日本史講座』全一〇巻（東京大学出版会、二〇〇四～五年）だが、『講座日本歴史』全一三巻（東京大学出版会、一九八四～五年）も見ておくといいだろう。他に、吉川弘文館の『日本の時代史』全三〇巻（吉川弘文館、二〇〇二～四年）、『展望日本歴史』（東京堂出版、二〇〇〇年）もある。

「講座もの」には、より細分化したテーマで編纂されたものもあるので、研究分野によってはこちらも見ておく必要があるだろう。たとえば、明治維新史学会『明治維新史講座』、網野善彦《あみのよしひこ》他編『講座日本荘園史』、日本村落史講座編集委員会編『日本村落史講座』、『岩波講座　日本経済の歴史』、小森陽一《こもりよういち》他編『岩波講座近代日本の文化史』、『岩波講座　日本の思想』、

『日本思想史講座』などなど。山川出版社から出されているテーマ別の『新体系日本史』も要確認である。

人物研究をするなら、まず吉川弘文館の人物叢書とミネルヴァ書房のミネルヴァ人物評伝のシリーズはチェックするようにしよう。地域史なら、府県史や市町村史は必見だろう。テーマが細かすぎて「講座もの」では扱っていない場合もあるだろう。その時も、いきなり細部に入り込んでいくのではなく、同時代の政治・経済・地域・国際関係といった幅広い視野の研究と、どうリンクするかを考えておくことは無駄ではないはずだ。

歴史的背景をざっと知るには小学館や講談社、古典的なものでは中央公論社から、ひとり一冊で、ある時代の歴史を見渡した通史が出されているので、そういったものを手にとって読んでみよう。巻末の参考文献リストも、今後の研究の手がかりになるはずだ。

学術雑誌から論文を探す

論文を探すうえで、重要になるのは学術雑誌である。図書館で開架されている本の背表紙だけを見ていても、雑誌論文は見つけられない。まず手に取りたいのが、『史学雑誌』という雑誌である。同誌では毎年五月号に、「回顧と展望」と題して、前の一年間に出された論文を時代・テーマごとに振り返って網羅的に紹介している。たとえば室町時代の政治史に関心があるなら、この「回顧と展望」のバックナンバーを片っ端から手にとり、室町政治に関する順に項目を読んでいこう。これまでに刊行された関連論文の目録をつくることができるだけでなく、研究動向や何が問題にされてきて、今はどういうことが主に議論されているかを見渡すことができるだろう。

「回顧と展望」を見れば、驚くほどの学術雑誌が刊行されていることにも気づくだろう。個別テーマの学会も多く、もしも研究テーマにかかわって専門的に取り組んでいる学会があるようなら、その学会誌のバックナンバーを手にしてみることも必要だろう。思いつくままにあげれば、『年報中世史研究』『戦国史研究』『織豊期研究』といった時代別の学会誌や、『古文書研究』『木簡研究』『正倉院文書研究』『鎌倉遺文研究』といった対象別の雑誌もある。個別の分野に特化した『地方史研究』『都市史研究』『武田氏研究』『交通史研究』『総合女性史研究』『芸能史研究』『部落問題研究』『軍事史学』『仏教史学研究』『神道史研究』『季刊日本思想史』、地域ごとの『関東近世史研究』『信濃』『愛知県史研究』『山口県史研究』『大阪の歴史』といった専門分野や地域に特化した雑誌も出されている。時間のあるときに図書館にいって、どんな雑誌が出ているかを見ておくといい。

老舗《しにせ》の学会などでは、既刊も多くてバックナンバーを総めくりすることも大変だろうが、多くの雑誌は五〇号や一〇〇号といった節目ごとに総目録といって、既刊記事の一覧を掲載していることが多いので、この辺を手がかりにするといいだろう。

それから、『歴史評論』という雑誌は特集を組んで、さまざまなテーマで研究動向の整理や論点の提示などをおこなっているので、こうした特集も主要な論文や研究を知るうえでは役に立つだろう。

便利なツールも有効活用

文献を探すには「講座もの」や『史学雑誌』の「回顧と展望」、学術雑誌のバックナンバーから探すといった正攻法以外にも、便利なツールが色々とあるので活用したい。

まず、自分が研究したいと思っているテーマについて、『国史大辞典』（吉川弘文館）、『平安時代史事典』（角川書店）などの辞事典類を調べてみよう。ここでおこなうのは、そこに書かれている内容を読むことだけではない。事項の最後には参考文献が掲載されているはずである。おそらく、この参考文献はあなたが取り組みたいというテーマを考えるうえで、基本になる文献の一つになるだろう。まず、その論文を手にとって読むことから作業をはじめよう。ただし、辞典が編纂されてから何十年も経っていれば、当然ながら研究も進んでいるはずだから、それ以後に発表された論文を探すこともしないといけない。

図書館にいけば、「総記」というコーナーに各種の目録類も置いてある。日本史の棚ばかりを気にして、こういうところを見落とすことのないように注意したい。ここにはテーマ別にまとめられた実にさまざまな文献目録が置いてあるだろう。

ランダムに例を挙げると次のようなものがある。黒田日出男《くろだひでお》他編『日本史文献事典』、古事記学会編『古事記研究文献目録』、関東近世史研究会編『関東近世史研究文献目録』、日本図書館協会編『自由民権関係文献目録――関東地方を中心として』、鈴木俊幸《すずきとしゆき》編『近世書籍研究文献目録』、日外アソシエーツ編『幕末明治人物研究文献目録』、飯澤文夫《いいざわふみお》編『地方史文献年鑑』、國學院大學日本文化研究所編『神道論文總目録』正続、國學院大學日本文化研究所編『神道人物研究文献目録』、京都部落史研究所編『部落史研究文献目録』、女性史総合研究会編『日本女性史研究文献目録』、民俗芸能学会目録編集委員会編『民俗芸能研究文献目録』、味の素食の文化センター編『食文化に関する文献目録』、鉄道史学会編『鉄道史文献目録』、山田敏《やまださとし》編著『遊び研究文献目録』などなど。もちろん、目録が編纂されて以降の文献は自分で探さなければならないが、こうした文献目録を編纂するには多大な労力を必要とする。これを活用しない手はないだろう。

データベースの過信は禁物

国立国会図書館の雑誌記事索引、CiNii（国立情報学研究所）などのデータベースも役に立つ。ただし、過信はしないこと。雑誌に掲載された論文は見つかるが、単著や論文集に掲載されたものはヒットしないかもしれない。表題などにキーワードが入っていなければ、データベースでの検索だけでは重要な研究を見落とす可能性もある。

一番ダメなのは、図書館で論文をいくつもコピーして読むのが面倒だからといって、取りあえずCiNiiを使って、手っ取り早くダウンロードできるものだけを選ぶこと。直接的には役に立たない論文を読まされて、遠回りすることになることもある。学会誌に掲載されている学術論文には、電子公開されていないものも多い。

早いうちなら新書を読むのもいい勉強になるだろう。新書は一つのテーマについて、専門の研究者が基本的なところから最新の研究までを盛り込んで、わかりやすく書かれている。自分の研究したい分野の新書があれば、まずそれを手に取ることで基本的な知識を身につけることができるから、今後の勉強にも役立つだろう。そして、大抵の本には巻末に参考文献があがっているから、そこから関連する研究論文を探していくとともに、その本を書いた著者の論文や専門書に挑戦してみるといい。

自分の研究分野と重なるような専門書があれば、難しくとも読んでおく必要がある。その時に、自分の研究に直接関係のある章だけを読んで終わりにするのではなく、全部を通読してほしい。そうすれば、著者がどういう構想のなかで、その問題を捉えているかがわかる。

また、一番最初の「序章」で、研究史整理や著者なりの問題意識が明記されていることが多い。ここは必ず読んでおくこと。

論文の読み方

論文は小説ではない。だから、漫然と読んでいては頭に入らない。専門的な用語もあって理解が難しいと思う。同じテーマの論文をいくつも読んでいくうちに、何が問題になっているかもわかってくるし、よく出てくる史料や概念なども次第にわかってくるだろう。だから、最初のうちは時間をかけて、論旨を確かめながら丁寧に読み進めていくこと。

論文とは、一般的には、〈序論（「はじめに」）―本論―結論（「おわりに」）―注〉で構成されている。本文も多くは、〈問題提起―史料（根拠）の提示―史料解釈―次の課題〉の繰り返しになっている。だから、論旨を理解するには、最初（「はじめに」）と最後（「おわりに」）を先に見て、根拠となる史料や依拠した先行研究がどのようなものかを「注」で確かめるというのも、一つの方法である。ミステリ小説なら、いきなり結論を見るのは掟破りだが、論文はエンターテインメントではないのだから。ここで、論旨を確かめながら論文を読む方法について、書いておこう。

①まず、「はじめに」「おわりに」を読む。何を論じようとしているか、結論が対応してい

るかを見る。論文には明らかにすべき「目的」がある。通常は、「はじめに」に研究史整理があり、研究史をふまえた問題提起をしたうえで、どのような方法で課題をクリアするか論じられている。いわば全体の見取り図が「はじめに」である。だから、この見取り図を確認したうえで、一気に「おわりに」へ飛ぶ。「おわりに」では、本文で論証したことを要約し、残された課題や今後の展望について述べられる。ここで「はじめに」とどう対応しているか、明らかにした「事実」にどういう研究史的な「意義」があるかが述べられている。

こうして「はじめに」と「おわりに」を先に読むことで、スタートとゴールがはっきりする。あとは、本論を見て、どんな史料を使ってどのように論証されているか、そのプロセスを検証しながら読み進めていく。方向と終着点を知って読むと理解が違ってくるだろう。

②章立てを確認する。本論を読むには、どういう構成になっているかを把握しておくとい い。本論の部分は、全体の長さにもよるが、二〜五章くらいに分かれている。これは段階的に論証を積み上げていくためのものである。だから、まずは章のタイトルを順に見ていって、全体の流れを把握する。それから、各章の最初と最後の段落を見る。大抵は、最初にその章で取り組む課題を明記し、最後にはその章で明らかにしたことが要約されて、次の章で何を論じるかを書いている。

③本論を丁寧に読む。本論も段落ごとにまとまっている。段落ごとに論証、事実を積み上

げていくものである。ここがうまくつながらないような論文は、論理に「飛躍」「破綻」があるものだ。読むときには、論旨に飛躍はないか、典拠史料は確かなものか（後世の編纂物などではないか）、筆者の主張と矛盾する内容の同時代史料はないか（あれば、それを整合的に解釈することはできないか、矛盾する史料があるのはどうしてか）、そもそも史料が一方的な立場から書かれたものではないか、といった点を意識しながら読んでいこう。この辺をうまく突っ込むことができれば、先行研究の弱点が見えてくるかもしれない。

④史料をしっかりと自分の目で読む。論文を読むときには、引用されている史料を読み飛ばしてはいけない。引用史料のあとに概要を書いていることが多いので、史料を読み飛ばしても何となく論旨はわかるものだが、それは厳禁。著者の読みは正しいか、その史料でそこまでいえるのか、史料の解釈に間違いはないか、筆者が史料を自分の都合のいいように強引に解釈していないか、他の解釈はできないかを確認しながら読み進めること。場合によると、著者が自分に都合の悪いところを省略しているときもあるかもしれないので、必要に応じて注を見て、原典を確認するといい。史料を自分で読んでみて、著者の理解と一致しない場合は、自分自身の史料読解に問題がある可能性もあるが、著者の読みが強引なのかもしれない。この辺は、批判的に論文を読むときの一つのポイントになる。

⑤「注」を見てどんな史料や書籍を使っているか確認する。これは、自分の調査の手がか

りになる。あなたの知らない史料が引用されている時は、それはあなたの知らない事実が書かれている重要史料かもしれない。また、繰り返し参照されているような史料は、関連事項が厖大に載っている「おいしい」史料か、あるいは見ていないと話にならない必見史料かもしれない。すぐに自分で史料を探して読んでみるようにすること。

⑥本文から研究手法を「盗む」。ついつい今までの癖で、著者が言っていることを理解して憶えることが「勉強」だと思ってしまいがち。だが、プロの研究者だって間違うものだ。だから、必死になって結論を暗記しても、それは間違っているかもしれない。別の論文ではすでに否定されている可能性もある。

論文から学ぶべきは結論ではなく、むしろ研究手法や史料の所在である。引用史料をしっかり読み、著者の史料解釈の仕方を学びつつ、自分のテーマでも同じ史料を違った切り口で使えないかと考える。使える史料は、思いがけないところに潜んでいる場合もある。広く関心を持って論文を読むことで手がかりが得られることもあるので、比較的時間がとれるうちに幅広い読書をしておくことも必要である。

論文が見つからない場合

テーマによっては、どうしても先行研究が見つからない場合はある。その時は、四つの可能性を考えなければならない。一つめは、「誰も気づいていない」というもの。あなたは幸運にも誰も知らない大きな可能性が潜んだ手つかずの鉱脈を見つけたのかもしれない。もうこれで、あなたの卒業論文は成功が約束されたようなものだ。

しかし、それ以外の可能性も考えておこう。二つめの可能性は、すでに誰かが挑戦してきたが、難しすぎたり、史料がなくて研究が「不可能」だった可能性だ。この場合は、他の研究者が見つけられなかったような突破口を見つけることができれば不可能ではないが、真正面からぶつかっていけば失敗する可能性が高い。このような場合は、正面突破以外のアプローチの仕方を考える必要があるかもしれない。もちろん、過去の研究者が見つけられなかった史料が公開されていたり、発見されていたら事情は違ってくる。

三つめの可能性は、研究しても「意味がない」場合である。たとえば、あなたが自分の家にある地券に関心を持って、出身地である○○県××村の地租改正について論文を書きたいと考えたとしよう。ところが、××村の地租改正の研究論文は見つけられない可能性が高いだろう。なぜなら、それは大抵は隣の村とほとんど変わらないものであることが予想されるからである。とすれば、わざわざ××村の研究をしなくても、『○○県史』などで地租改正の項目を読めばコトが足りてしまう。それでも××村の地租改正を研究テーマにしたいのであれば、「私の出身地だから知りたい」といった私的な理由ではない、意義付けが必要になる。

研究していくなかで、近隣村と異なる地域固有の事象が出てくるか、あるいは一般化して地租改正全般の見直しにつながるような視点が出せればいい。作業が進んでこないと何ともいえない部分があるが、それなりに大変になることだけは覚悟しなければならない。

四つめの可能性は、単に探し方が悪くて論文を見つけられなかった場合である。卒業論文の提出直前に、論文の見落としに気づいて、自分の発見だと思っていたことがすでに他の人の論文に書かれていたら、その後の展開は悲惨である。口頭試問の時に、副査の先生から「これ、知らなかったの」と論文のコピーを渡されることがあるかもしれない。隣で主査の先生が下を向いてしまっているかもしれないが、教えてくれなかった指導教員のせいにしてはいけない。きっとあなたの指導教員も辛い思いをしているだろうから。

あなたが取り組みたいテーマについて、どうしても先行研究が見つからない場合は、以上の四つの可能性がある。どれに該当するかは、最初は見極めが難しいかもしれないが、進むも勇気ある撤退をするのもあなた次第である。指導教員ともよく相談し、最後は自己責任で決めてほしい。

第4章 史料があってこそ

史料を探そう

歴史の論文を書くためには、先行研究の精査だけではなく史料が必要になる。これは鉄則である。妄想でも創作でもなく、史料にもとづいて実証するのが歴史学の論文というものである。どれほどすぐれた着想、仮説であっても、実証されていなければ、単なる思いつきと変わりはない。その実証のための根拠となるのが史料だ。だから、二万字近い卒業論文を書こうと思えば、相当量の史料が必要になるのは必定である。

卒業論文を書き始めるまでには、十分な量（と質）の史料を集めなければならない。これまでに先行研究をしっかり読み、自分が研究しようとしている分野について、どのような史料があり、それをどう分析するかという手法を学んでいるはずだ。そして、自分で史料を探し始めてもいるだろう。

史料がなければ、いくら自分が研究したいという熱意があっても、手も足も出ないということになる。たとえば、記紀の綏靖《すいぜい》天皇以下、記録の残らない〝欠史八代〟の歴史研究は不可能である（「欠史八代の史的研究」なんて悪い冗談である）。武蔵坊弁慶について研究したいと思っていても、比較的確かな史料としては『吾妻鏡』に二ヶ所、義経に付き従う人のひとりとして出てくるだけ。これでは、「武蔵坊弁慶の実像」といったテーマだと手に負えない。後世の伝承や『義経記』などの軍記物語を史料として、武蔵坊弁慶像（イメージ）の展開を追跡することは可能かもしれないが、この場合は歴史学に加えて、国文学や民俗学の研究手法も学ばないといけないから、軽い気持ちで手を出すと大怪我をすることになる。

まずは、先行研究を手がかりにして、これまで知られている史料を自分で原典にあたって確認をしていく。先行研究の注を見て、どのような本に載っているかを確かめたら、自分で図書館にいって、その部分を探してコピーをしておく。先行研究で引用している部分にも引用ミスがあるかもしれないし、それ以外にもあなたにとって重要な記述がある場合がある。もしかしたら研究者が自分に都合のいいところだけを引用している可能性もあるだろう。前後関係がわかれば、そこに書かれている意味が違ってくるかもしれない。

史料収集の方法

古代・中世なら古記録類を使うことになるだろう。自分が研究対象としている時代にどんな史料があるか、ざっと見るなら『史料綜覧』などが手がかりだが、便利なのは『国史大辞典』の「記録」の項に載っている年表である。どの古記録に何年何月の記事があるかが一目でわかる。やや古いが、どのシリーズで活字化されているかも掲載されている。

古代・中世の古文書なら『大日本史料』は真っ先に手に取るとして、『平安遺文』『鎌倉遺文』は必見になるだろう。南北朝期以降も地域によっては『南北朝遺文』や『室町遺文』『戦国遺文』で古文書が網羅的に集められている。地域史なら、まずは府県史や市町村史の史料編が必須。江戸や東京を対象とするなら、明治四四年（一九一一）以来、二〇二一年まで刊行が続いた史料集『東京市史稿』は欠かせない。

こうした作業に加えて、各種データベースも上手に使うこと。東京大学史料編纂所のデータベースは『大日本史料』や古記録、古文書などの本文からも検索することができる。古代・中世を研究するのであれば必須のツールになるだろう。国立歴史民俗博物館のデータベースも一部の古記録が全文検索できるようになっている。その他にも文献検索などに便利なデータベースが揃っている。近現代史を扱うのであれば、国立国会図書館のデジタルコレクションや国立公文書館のデータベースも有効活用したい。朝日新聞の聞蔵や読売新聞のヨミダスといった記事索引、ジャパンナレッジのような有料データベースも、大学図書館なら利用できるところは多いだろう。

データベースは手がかりにすぎない

ただし、データベースはあくまでも手がかり。東京大学史料編纂所などのデータベース上では『大日本史料』などの本文が見られるようになっているものもあるが、ほとんどのデータベースは索引にすぎない。図書で索引だけ見て本文を見ないというのがあり得ないように、データベースを使って満足していてはいけない。データベースでデータを集めたら、図書館や、場合によったら史料所蔵機関に足を運んで原文を確認すること。また、データベースを過信してはいけない。たとえば、岩清水八幡宮といった宛字が使われている場合や、伊藤博文・俊輔・春輔・春畝・滄浪閣主人……といった別名・通称が使われる場合など、データベース検索ではひっかからない史料が必ずあるくらいに考えておいた方がいい。データベースですべて見たつもりになっていたら足をすくわれることになる。

デジタルに依存しすぎるとかえって見落としがちなのが、索引や辞典といったアナログな文献。中世の古記録『大乗院寺社雑事記』や『お湯殿の上の日記』などには、非常に詳細な語彙索引があるし、活字化された古記録のなかにも、巻末や最終巻にいき届いた索引がついている場合がある。自分が取り組む研究対象の時代に重なっている史料があれば、まず索引がないか確認してみよう。あれば、関係なさそうな史料でも一度は索引で関連情報がないか見てみること。思いがけないところで貴重な情報が見つかることがある。

関連する時代や分野に関する論文集・研究書などの索引も見ておこう。そこで、重要な言及がある可能性もあるし、思ってもみない研究のなかで触れられていて、知らなかった史料を見付けることができるかもしれない。

手間を惜しまないこと

ここまでは、あくまでも基礎作業にすぎない。これに加えて、自分が求める史料を探して片っ端から史料をめくる作業が必要になる。各種の史料集は当然として、近現代史なら新聞・雑誌や公文書、地域史なら市町村史や府県史といった自治体史、思想史なら思想家の全集、前近代なら厖大な量の古記録・古文書……。それぞれのテーマで格闘するべき史料は色々だが、これをしないと新しい史料を見つけることはできない。先行研究で使われている史料だけでは、よほど新しい史料の読みをするか、従来の史料読解の間違いを見つけなければ、なかなか先行研究を超えることは難しい。

たった一行の史料を見つけるために何日も図書館にこもったり、あるいは厖大な史料の山から何百枚ものコピーをしたり。この厖大な史料をめくる（読むのではなく、ひたすらキーワードを探してめくる）作業を「地獄めくり」という人もいる。この作業では、関係ありそうだと思った史料は、ちょっとしか関係なさそうでも一応コピーしておくことが鉄則。後になって、「そうそう、あれはどこにあったっけ」となっても、再び巡り会える可能性は低い。一期一会だと思って、しっかり情報を集めておくこと。コピーするときには、どの本の何頁からとったかもメモすることを忘れずに。論文執筆が大詰めになった頃に、典拠不明のコピーを前に、再び史料の山をひっくり返すのは大いなる時間の無駄である。

こうして集めた史料である。苦労したのだから全部使いたい……というのは人情だが、それはやめておこう。次におこなうべきは史料の吟味である。

いつ、誰によって、何のために、どういう立場で書かれた史料なのだろうか。訴訟史料などは、自分に都合の悪いことは書いていない。後世の編纂物か、同時代史料か。年代不明のものなどは、年代の割り出しからはじめる必要がある。内容や登場人物などから、年代を割り出すことになる。この辺は先行研究も参考にするといいが、間違っている場合もあるので要注意。

そして史料をしっかり「読む」こと。史料読解のスキルはこれまでの授業を聞いていれば、もう身についているはず。和風漢文体の史料などは、字面を追いかけるだけでも何となく内容はわかるかもしれないが、自分で読み下し文にできるだろうか。読み下せない場合は、解読が間違っているのかもしれないし、内容がきちんと理解できていないのかもしれない。

そのうえで、史料を読みながらノートをとること。いつ、誰が、何をしたかを考え、ノートに控えていくようにする。小説ではないのだから、眺めているだけでは内容は簡単に頭には入ってこない。史料を読み流して内容をしっかり理解できるようなら、りっぱなプロの研究者である。普通はそう簡単にはいかないから、ノートやカード、パソコンを手元に置いて、史料に書かれているポイントをまとめておくことになる。

史料を整理する

こうして、ある程度の情報が集まってきたら、史料を整理しよう。雑多な史料がごちゃごちゃになっているだけでは混乱するだけである。いっておくが、大量のコピーの束をいくらにらんでいたっていいアイデアなんか浮かぶはずがない。

民衆思想史の研究者、安丸良夫《やすまるよしお》は、「こうした史料はかならず断片的なのであって、全体をとらえる構想力・理解力に支えられてはじめて史料が生かされうるのである」といっている（安丸良夫「『〈方法〉としての思想史』はしがき」『安丸良夫集』第六巻、岩波書店、二〇一三年、一八頁）。そうはいっても、一朝一夕に「構想力・理解力」が身につくわけでもない。頭を働かせるためには、手を動かすことである。

年表をつくったり、必要に応じて地図にマッピングをしたり、内容別に分類をする。登場人物がややこしい場合は、家系図や組織図を作成する。

特に年表づくりはオススメの作業。前後関係から思いがけないできごとが結びついたり、画期となることが明確になったりする。歴史学は時系列でモノを考えるものなので、こうすると変遷や因果関係などが見えてきて、卒業論文のアイデアが浮かぶことも多い。歴史研究では、数日単位の前後関係が重要になってくる場合もあるので、年表作成にあたっては可能な限り月日まで入れること。あとで事実確認をする必要がでてくるかもしれないので、面倒でも項目ごとに典拠となる史料名を付記しておこう。

マッピングは空間的な整理、分類は内容によるグルーピングである。とにかくたくさんの史料を時間なり、空間なり、内容なりで秩序立てられていくと、頭のなかが次第に整理されていくだろう。

分類と関係づけ

情報量が多い場合は、まず分類分けをして全体を整理する作業から始めてみよう。分類作業をする時に注意しなければならないのは、次元の違う基準で分けないということ。つまり、きちんと階層化をすることが大切である。

たとえば、ある大学の学生を所属で分類するとして、文学部・法学部・経済学部に分けるというのはアリだが、ここに英米文学科や経営学科とかが入ってくるとおかしなことになる。学科は学部の下にあるので、こういう場合は階層化しないとダメ。分類作業をしていて、どちらにも入りそうだという場合……たとえば山田さんは文学部だし、英米文学科だ……というようなことが起こる場合は、分類のしかたがおかしなことになっているのかもしれない。

分類の項目は、作業をしているうちに修正や項目の追加が必要になるかもしれない。たとえば、学生を体育会系サークルと文化系サークルで分類していたら、最初はうまくいっていても、途中からどちらにも入らない人が出てくる場合もあるだろう。そんな時に、無理矢理にどちらかに放り込むのではなく、「帰宅部」という新しい項目をつくる必要が出てくるかもしれない。

もう一つ、分類するときには二次元で考えるといい場合もある。分類の基準としては次元が異なるが、相関関係がありそうな場合だ。たとえば、大学生を自宅生と下宿生に分ける。そして朝食を食べている学生と食べていない学生に分ける。あるいは男女に分けて朝食の有無を見る。こうして、あれこれと作業をくり返しているうちに、朝食の有無と何らかの属性に相関関係が見えてくるかもしれない。

ここで大切なのは、分類はあくまでも厖大なデータを整理するための基礎作業であるということだ。分類から見えてきたことを論じることができて、ようやく論文として評価の対象となる。

まずは、あれこれと試行錯誤をしながら、分類案をつくったり、分類項目の修正をしていこう。そうするうちに全体像が見えてくる。効果的な分類基準を見つけることができたなら、そのデータの構造をとらえていることになる。なぜ、そのような分類ができたのか、それを考えれば論文のアイデアが見つかるはずである。

史料が生きてくる

こうした作業を経ると、ただの紙の束だったものが、論文を書くための貴重な財産になってくる。時間経過による歴史的変遷、地域差、あるいは集団の組織や意志決定のプロセスなどなど……。史料からどんなことがいえそうかが見えてくれば、その線にそって足りない部分を補っていけばいい。

歴史的な変化をいうのであれば、画期がいつで、その理由は何かに注目して、その画期にあたりそうな時期の史料を集中的に探していけばいい。地域差の場合は、ちょっとした工夫が必要。よく、「比較をしたい」という声を聞くことがあるが、目的意識のない比較は何の意味もない。「ここが違っていて、ここが同じでした」といった、だからなに？という結論になる。目的意識を持った比較というのは、何かを明らかにするための戦略的な比較ということである。都市と農村の違い、幕領と藩領の違い……など、比較をすることで何が浮かび上がるのか——つまり、相違点が何によって生じているかを効果的に明らかにすることを目指して、それにもっともふさわしい対象を選択すること。この辺は地域差の背後に何があるかを見抜かないと「違ってました」で終わってしまう。目的が決まれば、ふさわしい比較対象をよく検討すること。

マッピングで全体的な傾向が浮かび上がったら、次にその傾向がどうして生じたかを考える。「全体」を具体的に論じるのは難しいので、顕著な事例をいくつか選んで、そこから一般化するのもいいかもしれない。

論文でどんなことを書くかが決まってくれば、その後は使う史料の選定である。集めた史料を全部使う必要はない。いいたいこと、論じたいことに必要な史料を的確に選び出すこと。余計な文章を入れなくても、史料を並べれば自然に一つの結論につながっていくのが理想だ。これは民俗学者の柳《やなぎ》田國男《たくにお》が常々いっていたことらしい（井之口章次『民俗学の方法』岩崎美術社、一九七〇年、八〇頁）。もちろん、歴史学でも同じことである。まあ、それが難しいので、あれこれと文章で説明をしていくことにはなるんだけれど。

ということを考えていくと、論文を書くためには相当の史料を集めて、そこから使える史料を吟味して、史料を積み上げて飛躍・破綻なく実証することが要求されるわけだから、まずは厖大な量の史料を集めておかないと、話にならないということがわかっていただけただろうか。少なくとも、読み手を納得させられるだけの情報を積み上げないと、自分の「思い」だけでは相手は納得しない。もしも、史料が問題の性格上、限定されているというのであれば、その限られた史料を、それこそもう徹底的に読み込んで分析しないとお話にならない。

卒業論文には、それなりの準備が必要だから、提出締切間際に何の材料もなかったら、これはもうどうしようもないし、助けようもないということになる。締切まで「面倒だから」「大変そうだから」と先送りして、ず〜っと何もしないでおいて、直前になって慌てても材料がなければどうすることもできない。

もし、今手元に史料がほとんどないとか、ちょっとしかないという場合は、ただちに必死になって史料を集めなければ、どうしようもないことになる。

史料とは食材のようなもの

研究が「お料理」に似ているといったのは、日本近世史研究者の吉田《よしだ》伸之《のぶゆき》である（吉田伸之「卒論論」『地域史の方法と実践』校倉書房、二〇一五年）。

とすれば、史料というのは、料理をつくるための食材のようなものである。カレーライスをつくるためには、ジャガイモ・ニンジン・タマネギ・豚肉や牛肉、そしてカレー粉、もちろん米も必要。いくらカレーをつくりたい！　といったところで、カレー粉がないなら、カレー粉を手に入れる努力をしないといけないし、どうしても手に入らなければ、シチューか肉じゃがに変更することも考えないといけない。

史料とは、論文を書くための材料、料理をつくるうえでの食材である。つまり史料がなければ、論文は書けないいし、いくら自分がこうしたい！　と思っていても、ふさわしい史料が見つからない場合は、方向転換も必要になる。

そして、先行研究は「調理」のための参考にはなる。とても参考にはなるが、先行研究は史料ではないのだ。あくまでも、料理にとっての材料ではなく、いわばレシピ本にすぎない。

こうしたら美味しい料理がつくれましたとか、私はこうして料理をつくりました、ということを教えてくれるもの。これがなければ、最初から手探りで試行錯誤しなければならないから、とてもありがたい。しかし、レシピ本は食べものではない。

先行研究をもとにして、みなさん自身が材料を集め、吟味して、食えるモノをつくらないといけない。それは、レシピ本をいくら読んでも、それだけで料理が上達するわけではないから、ある程度まで勉強したら、自分で史料を読んで、自分の頭で考えなければならない。

いくらクックパッドを読み倒したからといって、それでうまい料理がつくれるとは限らないのだ。ヘタでも、自分でやってみないと。

指導教員のできること

間違えてはいけないのは、指導教員の仕事は「料理」の仕方のアドバイスであって、メニューを考えることでも食材を用意してお膳立てすることでもない。論文ありませんか⁉　史料を教えてください！　クレクレくん、クレクレさんなどが毎年いっぱいいるが、テーマを見つけるのも史料を探すのも、先行研究を探すのも、全部がみなさんの仕事である。

指導教員は、「料理」する人が危なっかしい手つきをしていたら、「そんな包丁の持ち方をしてたら怪我するよ」というだろう。タマネギは焦げ付きやすいから、炒めるときは弱火でね、といった経験に基づくアドバイスもする。そこそこの料理がつくれそうなら、チョコレートをひとかけらいれると美味しいらしいよ、といった助言もするかもしれない（この辺は、相手の様子を見ながら）。

「こういうことで困ってます」といった相談なら、力になれるかもしれない。しかし、「どうしたらいいかわからないんです」とか、「何も手に付かないんです」では、助けようがない。代わりに料理をしてもらおう（論文を書くのを助けてもらおう）、といった甘い考えを持っているのだったら、それは速やかに捨てるべきである。

史料＝食材が集まったら、うまい料理をつくるためには素材の吟味が必要。足りなければ、不足を補わなければいけない。傷んだ野菜や肉は使えないし、そもそもカレーをつくるなら、どんなに高級食材だとしても鮒寿司は使えない（たぶん）。同じように良質な史料を吟味し、目的に沿った史料を選び、それらを適切に「料理」することで論文が仕上がることになる。そのためには、十分な素材をあらかじめ準備しておかなければならない。

そして大切なのは料理人であるあなたが、何をつくろうとしているかを理解していることである。取りあえず、何でもかんでも集めた素材を放り込んだ、つくった人にさえ何かわからない闇鍋のようなシロモノは、願い下げにしたいものである。

初めてなので、ウマイものをというのは難しいかもしれない。でも、食えるもの（読むに堪える論文）はつくってほしい。そのためには夏休みという比較的集中できる時間を有効に活用し、良質な素材（史料）をできるだけたくさん集めておくことである。

第5章 夏期休暇の有効活用

夏休みに終えておくこと

卒業論文は相当な量の字数が求められている。大学によっても違っているだろうが、本文だけでも二万字近いものが求められる。さらに注などが必要になる。そんな長い文章を書いたことがある人など、ほとんどいないはずだ。今まで経験したことのない作業に挑戦するわけだから、今までのようにしていては間に合わない。

少なくとも、十分な先行研究の精読が必要になる。自分が取り組もうとしている問題についての先行研究は、すべて集めて読んでおくこと。これをしておかないと、提出直前に自分が書こうとしていることを誰かがすでに書いているという事実に気づいて、取り返しがつかないことになる。

とはいえ、これまでのレポートのように何本かの論文や本を読んで、それをまとめて「葛飾北斎について」みたいな〃調べてきました〃〃勉強しました〃のようなものは、論文とは認められない。

卒業論文は、先行研究の研究水準をおさえた上で、さらなるオリジナルの着想がもとめられる。これが自分のオリジナルの見解であると相手に納得させるためには、先行研究をきちんと交通整理して、何が明らかにされていて、何がまだわかっていないか、議論になっているかを読み手に伝えることが必要になる。これが論文の序論(「はじめに」)というものである。

つまり、先行研究を読んで、書かれていることを「勉強」するのではなく、論旨を確認しつつ、どこに問題点があるか、といった批判的な読み込みが必要になってくる。

これは、ダラダラと眺めているだけではできないから、精読——つまり、しっかりと深く読むことが必要になる。

さらに、重要なのは史料である。史料の重要性については、すでに触れたところだが、自分の思いつきを単なる「思いつき」で終わらせず、それを実証しないといけない。実証するためには、根拠となる史料の提示が必要だ。

史料の収集と分析——これが、比較的まとまった時間のとれる夏休みに集中して進めてほしい作業である。自宅にいても別段することがないようなら、空調の効いた図書館にこもって史料を探そう。

先行研究をふまえた学説の整理と論点の絞り込み、そして史料にもとづいた説得力のある構成をもった論文を書くためには、夏休みを無駄にしたら、時間的にも取り返しがつかないことになるだろう。

研究史の整理

もう少し具体的に作業を記しておこう。

①先行研究をすべて集めること。関連論文は図書や雑誌など、さまざまなところに載っている。文献探しは、第三章で書いたように、先行研究を手がかりにして、芋づる式に集めていくことになるが、この時点である程度の目処が立っていないと厳しい。夏休みの時点で研究対象が漠然としていたら、集めるべき文献も膨大になるし、そもそも読み切ることもできない。ある程度の目処が立ったら、所蔵機関を探して、論文を手に入れていく。専門的なテーマになれば、大学の図書館には所蔵していない場合も少なくないだろう。所蔵している図書館、場合によったら他大学の図書館や、東京の国立国会図書館などにも足を運ぶことになる。自分の出身地を研究対象にしている場合は、しばらく帰省して、地元の公立図書館をフル活用すること。「大学図書館になかったので読んでません」は、まったく通用しない世界である。まして、時間がなかったので読めませんでしたは論外。卒業論文は四年間の総決算なのだから、四年もあったのに時間がなかったというのは通用しない。

②そして、集めた論文をとにかく読み切ること。よくあるのがコピーして満足すること。コピーしてファイリングしたら、なにか勉強した気になるが、これは終了ではなくスタートである。読まなければタダの紙である。

③論点を整理する。読むだけでなく何が問題になっているか・見落とされているか・議論されてきたかをきちんと確認しながら読むこと。これは、研究史を整理して自分の論文の意義付けをする（オリジナリティの主張）ためには必須の作業となる。

そして、これは「はじめに」を書くときに気をつけてほしいことなのだが、研究史の整理とは先行研究を羅列することではない。しばしば、「太閤検地については、A、B、Cの研究がある」といった単なる羅列や、「Aは……といっている。そしてBは……といっている。また、Cは……といっている」という類を目にするが、これは羅列であって整理ではない。しっかり読んで論点を明確にすること。

④本文だけではなく、注もしっかりと目を通すこと。自分が知らなかった文献が使われていないか、自分が見落としている史料がないか……。注は情報の宝庫である。そして、注をしっかりと見ておくと、自分が論文を書くときにも、自然と注をきちんとつけられるようになるはず。

卒業論文は「注」を見れば、その人がしっかりと勉強していたかどうかがすぐわかる。「注」がきちんとつけられていない場合は、はっきりといえば「論文」とは何かが身についていない証拠である。

こうした作業は、いくらか積み残しが出るのは仕方がないが、可能な限り夏休みのあいだに終わらせておく。

史料の収集

もう一つの作業が史料の収集である。まず、先行研究で引用される史料の確認は終えておくようにしたい。論文に引用されている史料の原典を確認することなく、そのまま丸写しする「孫引き」を目にすることがあるが、これは絶対にやってはいけない。必ず原典にあたること。先行研究で史料が引用されていたら、注が付いているはずだ。注を手がかりにして、史料集で活字になっているのなら、その活字史料を自分の目で確認する。活字になっていない場合は、史料所蔵機関にいき、閲覧申請を出して自分で確認することになる。

そのうえで、先行研究で使われていない史料、自分が見つけた新史料といえるものを探そう。そのためには、活字史料の総めくりをすることになる。これは、自分が調べようと思っているテーマにかかわる史料集をとにかく片っ端からめくって、何か関係のありそうな史料や、先行研究で見落としている史料を探していく作業となる。地道であまり報われることの多くない作業だが、これで新しい史料を見つけられると、一気に視界が開けることもある。

中世～近現代の公刊されている史料は厖大で、未翻刻の史料も多い。プロの研究者でさえ、すべてを完全に目を通しているという人はほとんどいないだろう（古代史は別かもしれないが)。だから、意外なラッキーパンチがあたることもあるので、手間は惜しまないこと。

便利な道具になれていると楽をしたくなるが、索引・データベースはあくまでも参考であって、自分で見るのが原則。丸一日かかっても見つからない場合もあるが、これは宿命とあきらめよう。反対にたくさんありすぎて困惑する場合もある。この場合は、とりあえず全部をコピーして、あとで整理する。

とにかく、「見ていない史料に何か書いてあったら……」という不安を払拭するためにも、できる限りの作業はしておくことにしよう。

不思議なもので、史料も一つ見つかると次々と見つかってくる。そうすると今度は、お目当ての記事が出てきそうな史料も何となくわかるようになるものだ。勘が働くようになって、次から次へと新しい史料が見つかってくると、この上もなく幸せな気分になるだろう。そうなってくると研究の楽しさもわかってくるはずだ。

もし史料がなければ、方向転換も必要になる。「頑張って調べてみたけどありませんでした」では論文にならない。まあ、本当に「ない」のなら、視点を変えて「なぜ、史料がないか」という議論の組み立て方もできるけれど、こうした立論をする場合は、絶対に見落としはないというのが前提になる。とにかく、史料が思ったほどに見つけられなかったときには、対応が遅くなればなるほど傷が深くなる。早めに決断をするためにも、早めに作業を始めておこう。

声に出して読んでみる

論文と同じで集めた史料は、読んで分析をしないと何の意味もない。まず、自分で読むこと。「読む」というのは、眺めるのではなく、声に出して読んでみるのがいい。史料を検索している時はざっと文字を追っているだけになるが、声に出して——つまり、和風漢文体の文章を読み下しながら、文章の意味を考えながら——読んでいけば、これまで気づかなかったことに気づくことがある。ここでは、人物比定・場所・時間・流れを理解しながら読み進めること。誰が、いつ、どこで、なにをしたか——基本的な情報だが、これを理解できないと、史料を読んだことにはならない。たとえば、「念仏躍」の研究をする際に、史料に「念仏躍」という文字を見つけて喜んでいても、誰が、どこで、どのような踊りをしたかを説明できないなら、その史料は安易には使えない。自分が内容をわかっていない史料で人を説得することはできないのだから。ちゃんと説明できるように、丁寧に史料を読み解いていこう。この辺の作業をするための基礎的なトレーニングは、いままでの授業で学んでいるはずである。

声に出してみると、わからない言葉、読めない言葉に出くわすことがある。感覚で何となく意味はわかるようでも、読めないなら辞書で調べること。そうしたら、意外な意味があるかもしれない。

そして、史料批判が必要になる。自分のいいたいことを裏付けるおあつらえ向きの史料が出てくれれば飛びつきたいのはよくわかる。でも、使っている史料は本当に使っても問題ないのだろうか。複数の史料を比較して、信憑性の裏付けをとることはできるだろうか。

それは同時代のものか、当事者が書いたものか、伝聞ではないか、回想ではないか、偽文書ではないか、訴訟史料のような、自分に不都合なことが隠蔽されたものではないか、そして写本かオリジナルか……。史料の性格を理解したうえでないとダメ。「その史料は、いつ、誰が書いたもの？」という最低限の情報は確認しておこう。

刊本として活字化されたものなら、史料本文だけではなく「解題」に目を通し、どういう史料か確認する。図書など編纂物を史料として使う場合は、本文の他に「序文」「凡例」にも目を通しておくこと。ここに、史料の執筆目的などが明快に書かれている場合がある。

史料の入力作業

論文執筆という具体的な作業を想定すると、他にも重要なことがある。史料の入力である。崩し字で書かれた史料は解読にとても時間がかかる。いっておくが、「先生読んで♡」というわけにはいかない。英文学科の学生が、英語で書かれた文献が読めないからといって、卒業論文を書くために教員がテキストの和訳をしてくれないのと同じ。英語が読めないなら、卒業に値しないということ。くずし字で書かれたテキストも、とにかく自分で辞書を片手に読んでみること。もちろん、そのうえで読めない部分があれば相談にものるだろう。しかし、代わりに「読んでもらう」ことはできないのだから、よほどの自信がある人以外は、早めに作業を始めておかないと手に負えないことになるだろう。

　活字になっている史料でも、やってみればわかるが、パソコン入力には想像以上に時間がかかる。普通の文章を四〇〇字書くのと、史料の原文を一つ一つ確かめながら、その通りに打ち込むのは何倍も時間がかかる。何なら、ためしに次の文章をパソコンで打ってみるといい。大変さがわかろうというものである。

伊勢両大神宮御祓大麻、往古ゟ勢州山田ニおゐて拵来候処、近年右神宮之御祓大麻他所ニ而拵売出し候もの有之候由、藤波家ゟ申立有之候、右躰之義ハ決而致間敷儀ニ候処、伊勢参宮いたし候もの受帰り候御祓不足いたし候節者、勢州ゟ調置候御祓売買いたし族も有之趣粗相聞江不埒ニ候、向後右御祓大麻拵候儀ハ勿論、仮令勢州ニ而調来候御祓余慶有之候共、礼物亦者代銭之売買堅致間敷候、若内々ニ而売出し候もの有之候ハ、、可相咎候間、此旨山城国中江可相触者也

申二月

（『京都町触集成』巻五－一二七六）

次は、近代の新聞。面倒なのは古文書だけではない。片仮名で書かれた文章も、入力作業は手間がかかる。

右ノ達ニ列挙セル事タル如何ニモ達文ノ如ク無稽ノ謬説附会ノ妄誕ニシテ文明ノ進歩ヲ妨害スルニ相違ナシト雖トモ一人一己ノ私事ニ止リ公衆ノ福祉ヲ害シ社会ノ安寧ヲ壊ルナキ以上ハ之ヲ政事上ヨリ禁遏スベカラザルハ勿論ノ事ナルニ明治五年ノ頃政府職分ノ区域未ダ今日ノ如ク判明セザル時節ニ於テハ強テ咎ムル能ハズトハ云ヘ其論達告示ニ止メズシテ令停止トノ厳達アリシハ亦関渉ノ過ギタルヨリ致セルガ如シ（下略）

（『京都滋賀新報』明治一六年八月四日「社説」）

日本語ワープロは現代日本語の入力には便利なようにできているが、漢文や史料を書く仕様にはなっていないので、「拵え」と打って「え」を消したり、「ゟ《より》」や日常的には使われない「遏」を探して時間をかけたり……と、入力には意外な手間がかかる。「ゐ」なども、すぐには出てこないだろう。

卒業論文を書く段階になって慌てないように、入力作業も少しずつ始めておいた方がいいかもしれない。史料入力を進めていくうちに、ある程度の字数に達したら、ほっとするものだ。

史料所蔵機関での調査

史料収集には、活字だけでは間に合わない場合も出てくるだろう。活字史料も、発行部数が少ないものは遠方の図書館にしか架蔵していない場合がある。国立国会図書館や国立公文書館、東京大学史料編纂所といった施設のお世話になることもあるだろう。旅行や観光なら日本交通公社の「旅の図書館」(東京都港区南青山)、化粧文化ならポーラ化粧文化情報センター(東京都品川区西五反田)、演劇関係なら阪急池田文庫(大阪府池田市)といった特徴的な蔵書やコレクションのある施設も、研究テーマによっては足を運ぶことになるかもしれない。近代なら横浜開港資料館の閲覧室も充実している。なお、これらの施設はいずれもホームページで蔵書検索ができる。

それから、地域史を研究するのであれば、地元図書館にいけば大抵は郷土コーナーがあるので、一般に流通していない私家版や郷土史関連の機関誌などを見ることができるかもしれない。

そこで、夏休みを利用して遠くに足を延ばして調査ということになる。まず、訪れようと思っている施設のホームページを事前にチェックすること。臨時休館、蔵書点検、耐震工事などでしまっていたり、夏休みには史料館なども夏期休暇をとっていることがある。わざわざお金と時間をかけて遠くまでいって「本日休館」の悲劇を経験しないために、事前に開館予定をチェックすることは必須である。ホームページには、大抵は開館時間や収蔵史料の概要、閲覧・複写のルールなどが載っている。施設によっては、すぐには史料が見られなかったり、大学図書館の紹介状が必要な場合もある。見たい史料が貴重書扱いになっていると事前に申請がいるときもある。閲覧して終わりではなく、研究用にコピーや写真を手元に置いておきたいこともあるだろう。そのとき、持参したスマートフォンでカシャッというわけにはいかない。写真撮影などは厳しいルールがあるところも多いので、あらかじめ確認しておくのが無難である。

史料閲覧を博物館にお願いするなど、少し手間がかかりそうなときは事前に電話するのが望ましい。実は夏は結構忙しいのだ。博物館なら秋期特別展の準備や学芸員実習の受け入れ、視察や修学旅行の対応、夏休みの子ども向けイベントなどなど。さらに職員さんも夏休みを交代でとるため、時期によっては手薄になる時もある。こうしたなかで、いきなり行っても相手をしてもらえなかったり、担当者不在の場合もあって、無駄足になることもしばしばである。

事前に、「◎◎大学の○○と申します。今回卒業論文で××について研究しようと思って勉強しているのですが……」といった電話を一本入れておくと、スムーズに話が進むこともある。

それから、学芸員や教育委員会の方、現地の関係者に話を聞きに行く場合は、事前に勉強していくこと。ある程度の質問したい内容は、あらかじめ決めていくこと。白紙の状態で行くのは失礼である。「行けば何か教えてもらえる」といった他力本願ではダメ。ここまでは自分で調べたが、ここからがわからないのでご教示いただけないか、という感じで尋ねること。

ちゃんと調べてから

博物館や資料館に行くなら、ちゃんと事前に調べてから行こう。「奈良県の太閤検地について教えてください」みたいな漠然とした質問だと、きっと『奈良県史』を見ろ」と言われて終わりだろう。もう少し、具体的な目的を伝えて、協力をあおぐこと。こんな状態で忙しい史料所蔵機関に飛び込みで行ったりすると、相手も人間なので、にべもない対応になってしまうだろう。具体的な方がアドバイスもしてもらいやすい。

文書目録などが公開されている場合は、見ておくことも大事である。東京大学史料編纂所や国立公文書館などでは、ホームページ上で所蔵資料をかなりくわしく検索できるので、事前に請求番号などを控えていくと出納もスムーズになる。インターネット公開されていなくても、古文書目録などが冊子になっている場合も多い。図書館に入っているかもしれないので事前にチェックし、大学の図書館に入っているようなら目録に目を通す。

古文書などは、文書館では家・村など旧所蔵者別に収蔵していることが多いので、「宗門改帳はありませんか?」「検地帳を見せてください」というだけでは対応が難しい。

そして、大事なことはアフターフォローである。学生なので時間をとってもらった場合は、後でお礼をきちんとする。学生なのでお金・モノは不要だろう(個人の場合は手土産があった方がいいかもしれないが、公共機関なら不要だと思う)。ただし、葉書などでお礼状くらいは出しておいた方がいい。もちろん、相手をする方は仕事なのだが、やはりこういう反応があるとうれしいもの。調査の成果を反映した、演習での報告レジュメなどを手紙に添えて送ると、さらにいい。先方もこういうことを知りたいのかと、より方向性が明確になって追加情報をもらえるかもしれない。

そして卒業論文提出後は、お礼の手紙と一緒に卒業論文のコピーを送ろう。その人の協力があったからこそ、あなたは卒業論文を書けたのだから。

第6章 史料を読む

史料を理解するとは

史料を読んで理解するということは、簡単ではない。それを論文で活用するためには、「分析」という作業が必要になる。何が書かれているか、わからない言葉を辞書で調べながら読んで、内容を理解するのはスタートライン。それだけでは、史料を本当に「読んだ」ことにはならない。

次の史料を見てほしい。これは、『庁中漫録』(奈良県立図書情報館蔵)という奈良奉行与力が記した記録の第二二巻、奈良で出された触れの一部分である。元禄一〇年(一六九七)の酒屋に対する運上に関わる一節である。

今度酒屋運上之儀被　仰出候間、様子之儀ハ荻原近江守江可承合由、土屋相模守殿、妻木彦右衛門江被仰渡候

この史料をざっと見ただけでも、何となく「酒屋運上」についての命令(「仰渡」)があったことはわかるだろう。しかし、それでわかった気になってはいけない。荻原近江守は誰で、土屋相模守と妻木彦右衛門は誰で、両者の関係はどうなのだろう。

この史料が元禄のもので「荻原近江守」とくれば、勘定奉行として貨幣改鋳などを進めて、幕府財政の再建につとめたことで知られる荻原重秀が思い浮かぶ。前半は「酒屋の運上についての通達があったので、詳しいことは荻原重秀に聞け」ということのようだ。次は後半だ

が、土屋相模守には「殿」という敬称が付き、「妻木彦右衛門」には敬称がないことに気づかないといけない。奈良奉行所の史料なので、『奈良市史』などで調べれば、当時の奈良奉行が「妻木彦右衛門（頼保）」であったことが判明するだろう。問題は「土屋相模守」だが、これは老中の土屋政直である。ちゃんと調べようと思えば、幕府諸役人の任免を記した『柳営補任』などを見ることになるが、せめて『国史大辞典』で「老中」の項をひこう。歴代老中の任期と「相模守」などの官名が記されているので、この時の老中が土屋政直であることが確認できる。

とすれば、これは老中から「詳しいことは荻原に聞け」と奈良奉行に通知があったことを示している。ここのところを土屋相模守と妻木彦右衛門を並列と見て、「土屋相模守と妻木彦右衛門に対して通知があった」と理解すると間違いになる。だから、細かいことだが句読点のない前近代の史料を翻刻するときに、「土屋相模守殿妻木彦右衛門」という記述の間に「、」（読点）ではなく並列をあらわす「・」を打つと間違いということになる。

史料を「読む」ために

史料を読むというのは、いつ、誰が、何をしたかを理解しながら読み進めていかないと、「読んだ」ことにはならないのである。

だから、史料を「読む」ためには、その史料が書かれた背景をしっかりと調べておく必要がある。幕府や藩の組織、村落構造、登場人物の関係など、調べてもわからない場合は、史料を読み進めながら、確定をしていく作業が必要になる。そのためには、自分が当面必要としている部分以外の記事も含めて全体を見ておく必要があるだろうし、同時代の他の史料にも目を通す必要が出てくるだろう。

寺院史料などであれば、法会などに関わって専門的な用語が出てくるだろうから、最低限の宗教に関する知識も必要だろう。

地名が出てくれば、せめて地図でどのような場所か確認くらいはしておこう。史料の主要な舞台は、平凡社から出ている日本歴史地名大系（『奈良県の地名』『兵庫県の地名』など、府県ごとに刊行）や角川書店の角川日本地名大辞典（これも府県別に刊行）で調べておくこと。地域概況や歴史的背景、周辺の寺社などの様子がわかる。地名も時代によって変わっていたり、わからなくなっている場合があるから、地図などを手がかりに、史料に登場する場所を推定していく作業も必要になるかもしれない。

時間的・経済的な余裕があるのなら、現地に足を運んでみるのもいいだろう。劇的な発見があるとは限らないが、距離感や位置関係がつかめて、史料の内容をリアルに感じることができるようになる。その後の史料読解にも深みが出てくるだろう。

史料を読み進めるなかで段々と色々なことがわかってきたら、それをノートに書き留めて蓄積しておくようにしよう。こうして、史料を「読む」ための自分だけの道具を手に入れることになる。

史料の年代比定

史料を読むうえで重要なのは、そもそもその史料がいつ、誰によって、何のために書かれたかをおさえておくこと。歴史学なので「いつ」書かれたかというのは特に重要である。同時代史料なのか、後世の編纂物なのかで史料の信頼性は大きく変わってくる。近代以降の出版物であれば、巻末の奥付を見れば刊行年月日や著者はわかる。それ以前の書物でも出版されたものであれば、巻末に刊記といって発行年や本の出版をした版元の名前が書かれているだろう。

写本や自筆本のように刊行物ではない場合は刊記があるわけではないので、最後の部分に「奥書《おくがき》」がないか確認する。「奥書」には写本の入手経路や書写年代が書かれている場合がある。それから、序文にも筆者が作成経緯や意図などを年月日とともに記していることがある。

やや面倒なのは、古文書である。戦国時代の研究をするなら、武将の書状（手紙）などが重要な史料になってくるが、これらの書状類には、月日だけしか書かれていないことが多い。

活字化された史料集では、内容などから年代を推定している場合がある。史料の作成年代を推定する作業は「年代比定」という重要な作業なのだが、これも間違っていないとはいえない。少なくとも、鵜呑みにしないで自分で確認する必要がある。

なお、近代の書簡や葉書であれば内容はもちろんだが、年代を確定するために封筒などに捺された消印も忘れずに確認すること。

史料から発見を

これでようやく史料を「読む」準備が整った。そこからどのような情報を引き出していくかが研究である。まずは、史料を読んでいくなかで、気がついたことや気になったこと、小さな疑問などを大切にすること。その「ひっかかり」が重要な着想につながるかもしれない。民衆思想史の研究者、安丸良夫はこのようにいっている。

新しい知への手がかりは、史料を読み進めるなかでの素朴な驚きや疑問などから得られるが、しかしそれは現代に生きる一人の人間としての感受性や関心によって媒介されてもいる。（安丸良夫『現代日本思想論』岩波現代文庫、二〇一二年、一六七頁）

だから、史料を読んでいて、「ひっかかり」を感じたなら、それはあなたのセンサー（「感受性や関心」）が何かに反応したのかもしれない。そして、それが新しい発見につながる糸口かもしれない。

たとえば、中世史研究者の早島大祐《はやしまだいすけ》は、史料を見ていて目にとまった「牢人」という言葉から「彼等は何者なのか」を考え、「未踏峰の研究分野」を見つけ出し、豊かな成果をあげている（早島大祐『足軽の誕生』朝日新聞社出版、二〇一二年）。「牢人」という言葉自体は、別に珍しくもない言葉のようだけれど、繰り返し出てくることに気づいて、背景を考えることで新しい発見につながっている。すぐれた研究は、こうした一見すると何でもないところを見過ごさずに、「何だろう」「なぜだろう」と考えることから始まることも多い。

反対に、言葉が「出てこない」ことへの注意も必要である。近世の百姓一揆研究で知られる保坂智《ほさかさとる》は、意外なことに江戸時代の史料には「一揆」という言葉が「島原・天草一揆」以降はほとんど登場しないことに着目している（保坂智『百姓一揆とその作法』吉川弘文館、二〇〇二年）。あたりまえに研究者が「一揆」と呼んでいたものが、「一揆」と呼ばれていないのはなぜか、この点を突き詰めることで一揆のイメージを変えるような研究につなげている。

言葉へのこだわりを

重要なのは言葉へのこだわりである。歴史学は文献史料の解釈を基礎とする学問であり、史料の読みを深めるためには、言葉をおろそかにしてはいけない。使われている言葉は、①分析概念として研究者が歴史を理解するための専門用語なのか、②史料用語として、同時代の史料に出てくる言葉なのかを意識する。①の分析概念であれば、先行研究をふまえて、これまで研究者の間でどういう意味で使われているかを、しっかり理解しておく必要がある。自分勝手な意味で使ったり、思い込みで学術用語を曖昧に使っては議論がかみ合うことはない。

この辺を混同すると、「一揆」という言葉が史料に出てこないので、江戸時代に一揆は存在しなかったといった話になってしまいかねない。

史料用語の場合は、勝手に定義するわけにはいかないし、現在と同じ意味で使われているという思い込みも禁物である。その言葉が、同時代にどういう意味で使われていたかを把握しないと、とんでもない誤解をしてしまうかもしれない。まずは『広辞苑』などではなく、『日本国語大辞典』で意味を調べることになる。そのときに、意味だけではなく用例も確認する。『日本国語大辞典』では、できるかぎり初出に近いものを用例として掲出することになっているので、いつからそのような意味で使われていたかがわかる。

ただし、あなたの論文のキーになるような語彙なら、辞書を調べて終わりにしてはならない。あなたが扱っている史料を全部読んでみて、その言葉が出てくる箇所をすべて拾い出す。

そして、その言葉がどのような意味で使われているかを確定していくこと。ここで思いがけない発見があるかもしれない。

重要な史料用語などであれば、初めてその言葉が史料に登場するのはいつか（これを初出とか初見という）も大事である。もちろん、史料に出てこないから存在しないとはいえないけれど、少なくとも初見史料がいつのものかは重要な手がかりになる。同時に、その言葉がいつまで使われていたか（下限）もわかるといい。その言葉の上限・下限の範囲と、その時代の社会的・政治的・文化的な背景がどう関わっているか考えてみよう。

情報の整理

読み取った内容や着想をかたちにするには、自分の頭の中を整理する必要がある。自分が読み取った内容を、相手にわかりやすく伝えることも必要になる。

そのために、史料をもとに年表をつくる、マッピングをする、系図を書いてみる、分類するなどの作業を紹介したが、もう一つの作業として、表にするというのがある。

たとえば、次の文章を読んでいただきたい。

◎◎大生の山田さん、鈴木さん、佐藤さんのうち、山田さんと鈴木さんは史学科で佐藤さんは英文学科である。鈴木さんと佐藤さんは野球部だが、山田さんは帰宅部。そし

名前	所属学科	部活	コンビニバイト
山田	史学科	帰宅部	○
鈴木	史学科	野球部	×
佐藤	英文学科	野球部	○

て、鈴木さん以外の二人はコンビニでバイトをしている。

さて、コンビニでバイトしている史学科の学生は誰？

これをすぐに答えられる人は少ないだろう。そこで、上のような表をつくる。そうすると、コンビニでバイトしている史学科の学生は、帰宅部の山田さんだと一目でわかる。

こうしてみると簡単なことのようだが、史料も同じことである。もう一つ、次の架空の高校生による日記を読んでみてほしい。

七月四日、クラスの雰囲気はずっと悪い。木村さんと藤井さんは今日も口喧嘩。藤井さんは加藤さんとは仲が良いけど奥山さんとは喧嘩ばかり。私は今朝も加藤さんに嫌味を言われて落ち込んでたけど、奥山さんが加藤さんに文句を言ってくれたので、少しスッキリした。

これを読んで、なんて喧嘩ばかりしてる嫌な感じのクラスなんだ……と思ってはいけない（まあ、そう思ってもいいけれど）。これを一読すると、喧嘩ばかりが目につくけれど、人間関係を図示してみよう。ここでは、矢印が喧嘩、あるいは攻撃的行為（矢印の方向が行為の対象）とし、二重線は仲良し・同盟関係を表現している。

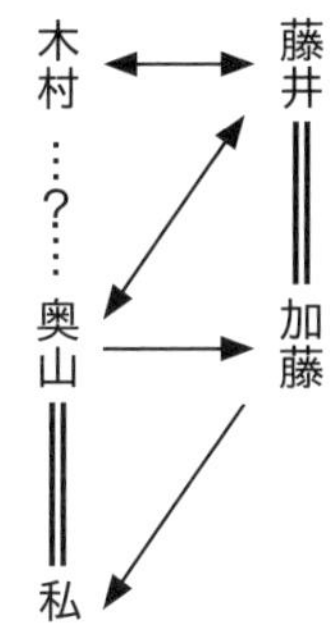

このように図にすれば、ギスギスしたクラスの人間関係がちょっと違って見えてこないだろうか。誰彼かまわず喧嘩しているわけではなく、二つのグループに分かれている。藤井さんと加藤さんのグループと、木村さん・奥山さん・私のグループに分けられるようだ。木村さんと奥山さんの関係は記事からは明らかにできないが、両者の同盟関係は推測できる。

図にしてみると、日記の一文から、このクラスが必ずしも喧嘩ばかりの最悪な人間関係だったわけではなく、二つのグループが対立しているようだという風に理解できる。そうすると、他のところで出てくる喧嘩の記事も、このグループの存在を念頭において見れば、その人物も藤井・加藤さんグループか、木村・奥山さんグループに所属していて、その対立関係の結果かもしれない。喧嘩の記事を、そういう目で見なおしていけば、徐々に木村さんグループと藤井さんグループの構成員の全体像が明らかになってくるだろう。そしてもう一つ大事なのは、この表をつくったことで、日記を書いている「私」が木村さん・奥山さんグループよりの立場で書かれている可能性が高い、ということがわかってきたことだ。藤井さんグループへは批判的になりやすく、木村さんグループのメンバーは味方なので、擁護的になる可能性が高いということになる。史料そのものにバイアスがかかっている可能性があることまでわかってくるから、史料の読み方もそれまでよりもずっと慎重になるだろう。あとはこの仮説が正しいかどうか、日記を最初から読んでいけばいい。この他にもグループがあるかもしれないし、こうした対立構造ができあがってくるプロセスもわかってくるかもしれない。

図や表は、これまで眺めていてもわからなかった史料が雄弁に語り始めるきっかけをつくってくれることがある。

表は分析のはじまり

史料を読んでいても、ときに複雑で関係がよくわからないことがある。特に近世の文書などは、だらだらといつまでも文章が切れず、論旨がわかりにくいことも多い。また、会計や年貢などの算用帳類も、ひと目では金銭の出入りがよくわからないような場合も多い。

そこで史料を見ながら、要点をおさえて表をつくる。これはノートに書いていってもいいし、エクセルなどのソフトを活用してもいい。エクセルのような表計算ソフトを使うと、並べ替えや集計も簡単なので、集まったデータをあれこれといじってみることも容易になる。

ただし勘違いをしてほしくないのは、表づくりは準備作業であって、ゴールではないということ。作表は研究を進めるという目的のための手段にすぎない。ときに表をつくることが目的になってしまい、「頑張って表をつくりました。詳しくは表を見てください。以上」という卒業論文に出会うことがある。これは何もいっていないのと同じ。分類する作業から、何が見えてくるかが問題である。表は分析するための素材にすぎず、それを提示して解釈は読み手に任せるというのでは、研究をしたことにはならない。

精緻な表をつくることは大変な作業で、それなりに達成感があるのもわかるが、表づくりで終始してはいけない。

表の説得力

さきほどの、山田さん、鈴木さん、佐藤さんの文章が一読してもよくわからなかったように、文章ではたったあれだけの情報であっても、相手に明瞭に内容を伝えることは難しい。これは、文章が前から順に読ませていく一次元の情報なので、複数の情報を比較するような二次元の情報を伝達するのには工夫が必要なのかもしれない。

これを何とか伝えようとすると、山田さんの話かと思えば鈴木さん、鈴木さんかと思えばまたまた山田さんという、いったり来たりの読みにくい文章になってしまう。そこで、表を提示して、文章で説明を加えていけば、読み手にもわかりやすいものになる。なにより一目瞭然になるので、論文の説得力が飛躍的に増す。

　また、表だけではなく、折れ線グラフや棒グラフなども効果的である。時期、年代ごとの変遷を視覚的に伝えることができる。順調に増加している、顕著な山や谷がある、ある時期を境に一気に増えたり、減ったりしている……。こうした変化がグラフならひと目でわかる。あとは、その理由を歴史的、社会的背景から、史料に基づいて論じていけばいい。なぜ、その時に急増したり激減したのだろう。その社会的、経済的、政治的な背景を考えてみよう。

ただし数字には注意

　ただ、気をつけないといけないのは、歴史史料というものの性格上、データに誤差をはらんでいる可能性があること。一見すると右肩上がりに増加しているように見えても、実は新しい時代の方が史料の残りがいいから、そのように見えているだけかもしれない。また、人口データなどは調査時点や調査主体によって、同じ条件で実施されたものでなければ、安易に比較することは危険かもしれない。

　たとえば、前にも紹介した保坂智は、近世初頭の「一揆」の事例を挙げて、そこでは「秋田藩の事例が目につく」と述べている。この点について、保坂は秋田藩で検地が繰り返され百姓の不満が高まっていたことについても触れているが、「なによりも院内銀山奉行・惣山奉行・勘定奉行・家老兼町奉行を勤めた梅津政景が『梅津政景日記』という克明な日記を残してくれたという史料上の問題が大きい」と述べている（保坂智『百姓一揆とその作法』吉川弘文館、二〇〇二年）。

このように、ある地域・時代に内容豊富な史料が偏在している場合、その部分だけ記録が充実しているために、突出した数字が出てしまうことがある。この点だけは留意して、数字をあまり鵜呑みにしないようにすることも必要である。むしろそういう場合であれば、単純な数字を比較するより、豊富な内容をもった史料そのものを活かしきる方法を考えた方がいいかもしれない。

とはいえ、表やグラフにすることは史料を読み進めるうえでも、論文を書くうえでも効果的であることは間違いない。自分がわかっていることでも、はじめての相手に要領よく誤解を与えないように伝えることは難しい。特に複雑な情報だとなおさらである。

表は、自分の頭を整理するだけでなく、相手に論旨を理解させるためのツールでもある。作表は大変なので時間もかかるし、頭を整理するのは早いに越したことはない。表をつくる必要が出てきそうなら、できるだけ時間がある、早いうちにとりかかることが肝要である。

第7章

章立てを考える

執筆前に章立てを考える

夏休みが終わったら、すぐに執筆作業に取りかかろう。とはいえ卒業論文は学術論文である。『徒然草』ではないのだから、頭に浮かんだことをダラダラと書いていても「論文」にはならない。いうまでもなく『徒然草』は随筆であって、学術論文ではない。指導教員は毎年のように論文の体をなしていない、何がいいたいのかよくわからない作文を何本も読まされるハメになる。

勤務校では、卒業論文の提出にあたって、冒頭に目次をつけてもらっている。卒業論文を読む際には、まず目次を見て、どういう構成かを確認している。つまり、目次は全体の見取り図である。だから、目次を見て、分量のバランスがよく、全体の議論がどういう構成になっているかがイメージできるような場合は、比較的安心して読むことができる。あとは論証過程の妥当性を注意して読むことになる。

一方で、内容が想像できないような、シッチャカメッチャカの目次なら、本人が内容を整理できていないことが多く、当然ながら大抵は悲惨なものになっている。

よくあるダメ論文の目次として、何がいいたいかわからないもの。たとえば、

第一章　江戸幕府と陰陽道
第二章　庶民信仰のなかの陰陽道

第三章　土御門家による陰陽師編成

といった感じ。論文としてのまとまりがなく、読んでいても各章のつながりがよくわからず、論旨がつかめない。何を書けばいいかわからないまま、取りあえず思いつくままに書けることを書いているとこうなってしまう。「陰陽道について研究したい」と思っていても、先行研究の調査も史料収集も中途半端だから、何本か概説書などを片手に要約をするが、一つのテーマだと分量が足りない。そこで、いくつか書けそうなことを書き散らかすと、こんな感じになる。大抵は注を見ても二〜三本の論文や概説書が並ぶ程度になってしまうので、底の浅さはすぐにバレる。

そもそも、「江戸幕府と陰陽道」「庶民信仰のなかの陰陽道」「土御門家による陰陽師編成」で、それぞれ独立した論文が書けるテーマだ。

書き手が何をいいたいか決まっていないから、読み手には筆者が何をいいたいのかわかるはずがない。

壮大すぎる構想の割に、史料収集も適当で薄っぺらな分析のものも要注意。たとえば、「鎌倉幕府の歴史と意義」「武田信玄の生涯」「江戸町人のくらし」なども、対象やテーマをもっと絞らないと論文とはいえない散漫なものになりそうだ。

同様に、真面目な人がはまりがちな落とし穴が、調べたことを全部詰め込んでしまった結果、事例報告にとどまり、論文として破綻する（「問い」と「答え」がない）ことである。話題が広がりすぎると、多様なエピソード・事項の羅列になってしまい、論文としてのまとまりを欠いてしまう。焦点をしっかりと絞り込んで構成を考えること。

ダラダラ論文はやめよう

ダメ論文その二は、いつまでも本題に入らないもの。たとえば、「寛永一〇年の清水寺本堂再興過程」といったタイトルの論文が提出されたとしよう。テーマも明確だし、これなら史料もありそうだ——こういうタイトルだと期待感は高まる。ところが、

第一章　清水寺の創建
第二章　戦国時代の清水寺
第三章　本願願阿弥と勧進
第四章　近世清水寺の寺院組織
第五章　寛永の再興と本願

みたいな構成だと、もう本当にがっかりしてしまう。読む前からイマイチ感に満ちている。一〜四章までは、事典類や『清水寺史』を要約したもので、まったく新しい話は出てこない。ひどいときは「『国史大辞典』によれば……」といった感じで引用が続く。まあ、書いてい

る方は勉強して初めて知ったことなのかもしれないが、こちらは長々と周知の事実を読まされた挙げ句、最後の本題である第五章も史料紹介程度であっけなく終わることが多い。こういう構成だと、一～四章が水増しに見えて損をしてしまう。本題をしっかりと書くためには、前提になる部分は簡潔に整理して「はじめに」にまとめたり、注にまわしたりする。

それから、山なしオチなし、意味なしの論文。年表風に、事象が年代順でダラダラと並べられただけのものも。

たとえば、「織田信長は天文三年に尾張国の織田信秀の嫡男として生まれた。……。そして、天正一〇年六月に本能寺で四九年の生涯を終えた」というテイのもの。このスタイルだといくらでも書くことはあるので、規定の字数が書けないといった分量の問題は気にすることはないだろう。しかし、信長の生涯なら池上裕子《いけがみゆうこ》『人物叢書　織田信長』（吉川弘文館、二〇一二年）あたりを見れば手っ取り早い。まったく事蹟が知られていないとか、未知の、かつ極めて重要な人物という場合は別だが、周知の人物について人生を語られても、論文にはならない。

同様に「東大寺の研究」のような壮大なタイトルで、第一章　古代の東大寺、第二章　中世の東大寺、第三章　近世の東大寺……などという構成の、どこかの概説書を引っ張ってきたような作文を読まされて、最後に「このような貴重な文化財はこれからも大切に守っていかなければならない」みたいな、紋切り型のアタリマエな文章で結ばれていたりしたらもう、ウンザリである。「そんなこと、今さら言われんでもわかっとるわい！」と思わず叫んでしまうことになる。

もし、通説で知られていることと違った事実を発見したり、新しい史料が見つかったとか、これまでと違った評価をすることができるのであれば、その点にポイントを置いて構成を考えること。仮に新しい発見や視点の提示があっても、こうしたダラダラ論文だと埋没してしまって、セールスポイントが見えなくなってしまう。

「作業仮説としての目次」

論文とは、研究史をふまえた問いがあり、史料に基づいて実証を一つ一つ積み重ねて、最初の問いに答えるという、論理的な文章である。二万字近い論理的な文章など、これまで書いたことがないわけだから、いきなり冒頭から思いつくままに書いていっても、支離滅裂な文章になってしまうに違いない。

まず、最初の作業は章立てを考えること。最初に全体の骨格をきめる。全体で何を論じるかを意識して、手持ちの史料を勘案しながら、一章では何を論じ、二章では一章をうけて何を論じ、次の章ではどう展開するか……こうしたことを整理する。できれば、パソコンを前にして、レジュメをつくるような感じで、各章のタイトルと内容を箇条書きにまとめてみる。そのときには、どこにどんな史料を使って何を論じるつもりか、史料のタイトルやメモだけでも書いておこう。演習で卒論報告をしていて（ゼミの先生によって色々だと思うが）、そこである程度のクオリティのレジュメができていれば、それが土台になるはずだ。

章立てを考えて、まずは「目次」をつくってみる。この作業を「作業仮説としての目次」と呼び、目次の作成を「作業計画」といっている人もいる（ウンベルト・エコ『論文作法』而立書房、一九九一年）。論文を書く際に、どのような方向に向かうのか、あらかじめ作業のための道筋を決めておく。執筆を進めるなかで予定変更や方向転換も出てくるだろうが、それはそのときに修正すればいい。

ここで、できあがったのが論文の概要――骨格になる。この概要を見て、飛躍があるようならそこを補う必要があるだろう。全体構成がきまれば、あとは章ごとに、少しずつ執筆していく作業を始めればいいだけだ。これをせずに、とりあえず書けそうなことを思いつくままに書くから、読むに堪えない論文ができあがる。

章立てができれば、執筆の計画も立てやすい。史料が十分に集まっているところもあれば、調査不足のところ、もう少し深めたい部分などが見えてくる。そこで、まずは書きやすいところから書き始め、作業が遅れているところは後回しにする。計画を立てられるので、今後はどこに力を入れて史料を集めていけばいいかの見通しも立ち、無駄な作業が減るし、提出直前に時間切れで尻切れトンボの論文になることも回避できるだろう。

執筆の開始

概要が決まれば、さっさと執筆を始めること。これまでの演習などで、論文を要約してレジュメにするという作業をしたことがある人も多いだろう。論文からレジュメにする作業を経験済みなら、今度はその逆の作業をしていけばいい。箇条書きのメモを文章化し、史料を加えていくだけだ。

史料は引用しっぱなしではなく、史料から何が読み取れるかを必ず書く。そうすれば、それなりの分量になっていくはずだ。

最初は規定の字数を聞いても雲をつかむような感じだろうが、章立てが決まり、それぞれで何を論じるかが決まれば、あとは案外楽になる。たとえば大学の規定で、本文一万二〇〇〇字以上が求められているとしよう。三章構成にするなら、各章を三〇〇〇字くらい。あと、「はじめに」「おわりに」をそれぞれ二〇〇〇字。これなら、ちょっと長めのレポート五つ分である。何だか書けそうな気がしてこないだろうか？　小分けをしたことで目標が達成しやすくなるはず。

こうして全体の構成が決まれば、分量配分を考えて、それぞれの章で使うべき史料を入れながら、文章を積み上げていくこと。書けなくなったら後回しにして、書けるところから書いていけばいい。もちろん、現実には予定どおりにはいかないかもしれないが、どこかの章が思ったよりも分量が増えたら、節に分けてもいいし、内容で二つの章に分割してもいい。思っていたほどの量が書けない章は、前後の章に吸収してもいいだろう。この辺は書きながら、微調整をするだけのこと。

この時点で全体の構想ができているのが理想だが、なかなかそうもいかないだろう。ある程度の骨格が決まったら、あとは書きながら考える。書いているうちに、正反対の結論になったり、違った方向に進む場合もあるかもしれない。それは、書いているなかで修正し、ある程度の量が書けた時点で調整したらいい。

むしろ、書いているうちに予想とは違ったことになることが多い。何となく見通しが立っていたので気楽に考えていると、史料の読み間違いに気づいて慌てたり、予想と正反対の史料が見つかってしまったりすることもしばしばだ。でも、本当に研究が面白くなるのはここから。予想どおりにいかない――これは、「思いもよらない世界」への入口である。論旨の組み替え、史料の再検討、先行研究の批判的な読み直しなどから、最初は想像もしていなかった新しい発見があるかもしれない。

なかには完璧主義で、明確に結論が見えていないと作業が始められないという人がいる。真面目な人に多いのだけれど、そのせいでいつまでも作業を始められずにいて、手遅れになってしまうことがある。繰り返し書いているが、卒業論文は、これまでのレポートなどとはわけが違う。とにかく、書けるところから書こう。書いていくうちに、足りないところも見えてくるし、飛躍しているところも気づくことができるだろう。

具体的な考え方

卒業論文では、序章で示した目的＝論証しようとするゴールを目指して、段階的に論証を積み上げて最終的な結論に到達する。その積み上げの一つ一つのステップが「章立て」となる。だから、各章は戦略的に構成しないといけない。

たたみかけるように相手を説得していくことになるわけだが、どのようにするのがいいかはケースバイケースなので、一概にはいえない。以下には章立てを考えるうえでの参考として、いくつかの例を挙げてみる。

（1）時系列で構成する。

第1章　近世後期の祇園祭

第2章　維新期の祇園祭
第3章　近代の祇園祭

といったように、先行研究で画期とされている時期や、明らかに変化が見られるであろう時期を境として、章を分ける。この方法だと、前後の時期の違い＝変化を際立たせるのに有効である。また、作業上での利点として、時系列なのでどの章にどの史料を使えばいいかが明確になることもある。どの史料を使って、どのように論じていくのが効果的か……というのは意外と難しいものだが、こういう構成だと、その点で迷うことは少ないだろう。

ただし、この場合はダラダラと事実を並べるのではなく、時代による変化がはっきりを浮かび上がるようにポイントを絞って書くこと。画期となる時期、事件が何か、などを意識すると論点が絞りやすくなる。

そして、なぜ前後の時代で変化がおきたのか。その背景にあった歴史的な要因を意識して書かないと、「違ってました」「変わりました」というだけのものになる。「だから何？」といわれないように。

（2）分析対象で分ける

例えば①近代の奈良における鹿の保護を論じる場合なら、

第1章　維新期の奈良県と鹿

第2章　鹿保護運動の成立
それから、②奈良に駅ができてからの観光について論じる場合なら、
第1章　奈良駅の誕生
第2章　鉄道と観光客の増加
第3章　奈良町の変容
これは、時系列ではなく、分析対象で整理するもの。①は県の政策という原因を1章に、そして2章にそれをうけた地域の反応を、②では駅の誕生から観光客の増加、そしてそれをうけての町の変容を論じている。それぞれ、論じる視点が変わっているので、章を分けていく。そのうえで、1章から2章へと因果関係でつながっていくので、最終的には一つの像を結ぶことになる。
総論から各論へ、あるいはきっかけとなるできごとをスタートにして、その影響がどのように広がっていくかを論じていく。後者②は時系列で論じる方法の応用編で、時間とともに波紋が広がっていくことを想像すればいいと思う。時間的な変化を意識して空間的に整理するとまとめやすい。
注意が必要なのは、論じる際の枠（フレーム）を、大きいところから小さいところへ絞り込んでいく（総論から具体像）か、逆に小さいところから広げていくか、という方向性を意

識すること。一・二・三章と論を進めるにあたって、枠が大きくなったり、逆に小さくなったりと方向性が一定しなかったり、とつぜん別の論点をもちこんだりして、読み手を混乱させないように注意すること。

（３）地域で分ける

これも（２）の変形だが、論じる対象となる時期を限定したうえで、

第１章　城下町の盆踊り

第２章　農村部の盆踊り

といったかたちで、対象地域で分ける。こうしたうえで、盆踊りが都市でどのような特徴を持ち、農村部では都市とどう違うかを明らかにする。この場合は、時期を限定したうえでないと、江戸時代の農村と近代の大阪を比較するようなトンデモないことになる。また、なぜその時期に限定するか、そこから何を論じるかも意識していないとダメ。

この場合は、論点によっては、城下町とも農村部とも異なる、在郷町や都市近郊の農村などの特徴が検出できれば、もっと効果的になるかもしれない。

比較を安易にしては、ただ「ここが違って、ここが一緒」というだけで終わる。自分が論じようとする目的をもって、それを鮮明に浮かび上がらせるという明確な戦略をもって比較すること。

の論文なら、（1）～（3）を組み合わせることも可能。たとえば、どこかの神社の神職組織について

第1章　一七世紀の神職組織
第2章　一八世紀の神職組織
第3章　吉田家による神職支配の浸透

というのもアリだ。1・2章では神社組織の具体像を時系列で整理し、そのうえで第3章では一七・八世紀の変化をもたらした要因として、諸社神主禰宜諸法度の制定により、吉田家による諸国の神職編成が、個々の神社に浸透してきたという当該地域の状況に即して分析する。この場合は分析するレベルが1～2章（個別事例）と3章（歴史的環境・制度）では違うので、章を変えることで効果的になる。

この辺の時期、分析対象、方法などをごちゃまぜにしたままで、とにかくあれこれと詰め込んだ文章にすると、もう悲惨なものになる。……だがありがちなのだ。

他にも色々な構成が考えられるとは思うが、とりあえずこの辺を基本にして考えるといいだろう。

あまり複雑になると整理が難しくなる。とにかく、自分が何をどのように論じようとしているか、それを効果的に相手に伝えるには、どのような構成がいいかをよく考える。その点

を意識して、本論の構成を考えることになる。一般的な分量の論文なら三〜五章構成ぐらいだろうか。それ以上だと多すぎて、各章の議論が熟さない薄っぺらで中途半端なものになりがち。章ごとの文章の長さがバラバラすぎるのもよろしくない（第一章が六〇〇〇字、第二章が一〇〇〇字とか）。この辺は、バランスよく構成すること。必要に応じて、一つの章を二つに分けたり、章をさらに節に分けるなど、整理を考えよう。

卒業論文を書こうという今、これまでに一〇本以上は論文を読んでいるはず。先行研究の構成や論理の組み立て方こそが、もっとも参考になるはずである。

戦略的章構成

章立てのつくり方について、色々と例を示してきたが、絶対にこうでなければならないというきまりはない。要は、自分のセールスポイントが何かを考え、そのウリになる部分をわかりやすく効果的に伝えるためには、どういう順番で伝えればいいかということだ。

だから、時々書き始める前に「どうしたらいいでしょうか」と相談を受けることがあるが、こちらとしてはあなたが何を伝えようとしているのかがわからなければ、答えようがなくて困ってしまうことになる。

たとえば、戦前と戦後の教育について、学校の教員と生徒の双方から、「学ぶ」ことに対する意識の変化を見ていくような論文を書くとしよう。そうした場合、まず考えられるのは次の二パターンの構成だろうか。

【A】時系列型
第1章　戦前の学習意識
　第1節　教員の意識
　第2節　生徒の意識
第2章　戦後の学習意識
　第1節　教員の意識
　第2節　生徒の意識

【B】分析対象型
第1章　教員の学習意識
　第1節　戦前
　第2節　戦後
第2章　生徒の学習意識
　第1節　戦前
　第2節　戦後

この例は、同じ表現が繰り返されていて美しくはない。本来であれば、キーワードなどが章のタイトルに入っている方がいいのだが、まあ例なのでご容赦いただきたい。

こうした場合、どちらがいいかという正解はない。ただ、【A】の時系列型であれば、時間による変化を強調する時に効果的な構成だ。つまり、「学び」についての意識や考えが教員・生徒のいずれもがすっかりと変わっているようなら、一章の最後に戦前の教育における「学び」について整理したうえで、二章に入っていけば相違点が明確に浮かび上がるだろう。

一方で【B】の場合は、生徒と教員でのズレを強調する時に有効である。たとえば、戦前と戦後で教員の意識は大きく変わっているが、一方で生徒の側では戦前と戦後で意外にも変化がない――という場合は、一章でいかに教員の意識が変わっていったかを論述した後、二章で生徒たちの意識が戦前と戦後で変わっていないことを指摘すると、両者の意識の断絶が鮮明になるだろう。この断絶が、その後にどのような問題を引きおこしていくか、という見通しが「おわりに」で述べられていれば、きっと面白いものになるだろう。

つまり、【A】【B】のどちらが正解かという問題ではなく、あなたが論じたいことに即して戦略的に章立てを考えることが重要である。戦前と戦後での違いを強調するのであれば【A】を採用するべきで、【B】だと、たとえば教員の戦前と生徒にとっての戦前がどのようなものだったかが離れすぎていて、「戦前」の教育全体についての像を、読者はとらえることが難しくなる。

もちろん、最初のうちに構成を考えていても、実際に執筆作業を進めていくうちに論点が変わったり、新しい史料が見つかって軌道修正をすることもあるだろう。そのときは構成を変えたり、順番を入れ替えればいいだけのことだ。幸いにして、手書きと違ってパソコンでの執筆は、そういう作業が容易におこなえるのがいいところだ。

だからまずは執筆を始める前に、これまでの調査で手元に集まってきている史料や、今までの準備作業で、どんなことがいえそうかという見通しを立てたうえで、章立てを考えよう。章立てを考える作業は、いったんこれまでの作業を見直し、自分の頭のなかを整理することにほからない。

どこまで作業が終わっていて、何を補強しなければいけないか、残りの時間でどこまでの作業ができるか、今後の見通しを立てるうえでも、章立てを考えることを最初にしておこう。

章立てが決まれば……

きちんと章立てを考えて書いていれば、目次から、だいたいの論文の構成はわかるものになっているはず。一度、自分のつくった論文の概要を見直そう。冒頭に紹介したダメ論文の構成になっていないだろうか？

各章の題が内容を端的に表しているか？　各章のタイトルを順に並べると内容がイメージできるだろうか？　それができていないようなら、論旨がうまく組み立てられていないのかもしれないし、どこかで飛躍している可能性もある。あるいはあなた自身がまだ整理し切れていないのかもしれない。少し立ち止まって、構成の再検討も考えてみよう。

いざ卒業論文を書くとなったら大変なのだが、卒業論文の規定量程度の論文で論じられることなど、たかが知れている。地域・時代・対象・方法などを相当絞り込まないと論文にはならないことは、これまでの研究史整理などで理解しているだろう。

色々と時間と労力をかけて、ときには交通費や複写代等のお金までかけて、調べてきたことを全部つぎ込みたいのはよくわかる。しかしここはぐっと堪えて、論点を絞り込むこと。そうしないと、あれやこれやを詰め込みすぎて、書き手（つまりあなた）が混乱してしまうことになる。

そこで、どのように絞り込むかである。「はじめに」（序章）で、研究史を自分の論点に引きつけてしっかり整理をしたうえで、自分の研究が、これまでの研究の流れの中でどのような位置にあるのかがはっきりすれば、本論をどう組み立てればいいかは決められるだろう。

自分のこれまでの研究をふまえて、セールスポイントはどこか考えてみよう。ささやかだけど、誰も気づいていないことを発見した、とにかく史料をたくさん集めた、ある史料集はとにかく全部読み通した、現地調査をした……。一つくらいはウリがあるのではないだろうか。それを前面に押し出した構成を考えよう。

すでにこれまでの研究で何が明らかにされていて、何が足りないのか、そしてあなたがどういう方法と史料で、その課題を克服しようとしているのかが明確になっているはずである。そこで、その手法をどうすれば活かせられるかを考えていく。

序章で、どのような方法で何を明らかにするか、目的意識をはっきりさせておく。時期による変化か、時代の特徴を浮かび上がらせるのか、特定の事象を掘り下げるのか……。序章を文章として完成させるのは最後でもいいけれど、目的は明確に意識しておかないと、そもそも何をどう書いていいかわからなくなってしまう。

章立てが決まれば、どこにどのようなことを書き、どういう史料を入れるかも自然に見えてくる。そうすれば、書けないところは後回しにして、書けるところから執筆を始めればいい。全体の構成が決まっていないと、「書けるところから書けばいい」といわれても、どこから書いていいかわからないので途方に暮れてしまい、何もできないままに時間が過ぎていくことになる。

第8章 文章を書く

論文の文体

文章を書く際は、「である」調で書き、「です・ます」調は使わない。これは常識なのだが、まれに「です・ます」調の卒業論文に出くわすことがあるので、念のため。もちろん、「である」調と「です・ます」調が混在しているのも不可である。私的な手紙やメールではないので、口語や俗語、流行語などの使用も、卒業論文の文体では望ましいものではない。

そういわれても、どう書けばいいかわからない。そこで、卒業論文を書くにあたって、身近な先輩たちがどんな文章を書いたのか気になるかもしれない。大学の共同研究室や事務室、指導教員の研究室などに、先輩たちが提出したこれまでの卒業論文が保管されていることもあるだろう。どんな書き方をすればいいのか、参考にしたくなるのもわかる。しかし、みなさんが卒業論文を書くときに、先輩の論文を参考にすることはオススメしない。書式や綴《と》じ方など体裁は真似をすればいいけれど、内容や文体、論旨などは、やはり学生が書いたものだから不十分なところも少なくない。

論文らしい文体といわれても、なかなかピンとこないかもしれないが、まずは何本かの論文を手元に置いて、文体や表現を真似て書いていけば、次第に身についてくるはずだ。ときに、こうした論文の文章が身についていないままで書いている卒業論文が提出されることがある。それではもう、勉強不足といわれても仕方がないだろう。

論文にふさわしくない表現

論文を書く際に、ついうっかり使ってしまう稚拙な表現や、論文にふさわしくない言葉もある。まず、「わかった」。たとえば、「以上の史料から、中世の寺院にはさまざまな人がいたことがわかった」といった文章である。あなたにとっては初めて「わかった」ことなのかもしれないが、私的な感想は必要ない。研究者の間では常識に属する類の話かもしれない。

論文は、あなたが知らずにいたことを正直に書く必要はない。すでに知られていたことであれば、その事実を本文に書いて注で誰がいっているかを書けばいい。初めて明らかにされたことであれば、「……が明らかになった」などといった表現の方がいいだろう。

それから、「私」という一人称も、あまり使わない方がいい。絶対に使ってはいけないというわけではないのだが、「私」が出てくると、どうも主観的な文章になりがちなようだ。例えば、「私は、以上の史料から中世寺院には僧侶以外にも多くの人が関わっていたのだと思う」といった表現を見かける。作文や感想文なら、これでもいいのかもしれないが、〝そう思っているのはあなただけだぞ〟、とツッコまれてしまう。「私」をカットして、「思われる」という自発表現にする方が学術論文らしい文章になる。

「先生」という敬称も不要である。研究者の名前を書くとき、つい遠慮してしまったりするが、論文では敬称略でも差し支えない。気になるようなら「氏」で統一するくらいが無難だが、なくてもいいと思う。指導教員の論文や研究を参照・引用するとき、ついつい「先生」という敬称をつけたり、そこだけ敬語を使ってしまったりすることがある。しかし、卒業論文も学術論文である。学問をするうえでは、先生であろうが立場は対等であり、間違っているなら批判すればいい。敬称や敬語を使っていると、どうしても腰が引けた文章になってしまいがちである。

白い論文と黒い論文

卒業論文を読んでいると、紙面が真っ白に見えるシロモノに出くわすことがある。たとえばこんな感じである。

慶林は天文二年に櫟谷社を再建する。
その後、楼門北で活動を続ける。

天文一一年の「遷宮次第」によれば、
従来は公方の出資で惣遷宮をしていたが、
難しいので慶林が勧進をし、

集めた金銭で遷宮をなし遂げたという。

以後は自前で修理することとし、
作事のために慶林がいた場所を「本願所」とした。

インターネットのブログやメールなら、読みやすくするために、こまめに改行をするのは一種のマナーである。ある程度のかたまりで空白行を設けるのも、悪いことではない。段落替えの冒頭、一字下げるというのも、メールなどではそんなに気にすることもないだろう。しかし、論文はメールではない。メールで四〇〇字を超えるようなものは滅多にないだろう。メールの作法は、あくまでも読みやすいメールのための作法である。

論文だと、下半分がやたらと白い、一見するとラノベのような文章は、かえって読みにくい。何より、こういうスカスカに見える論文は、かなりの無理をして、なんとか規定枚数に届かせようとしている「水増し」論文に見えてしまうので減点対象になる。極端すぎる場合などは、もしかすると「文章量不足」と判断されて審査対象外（＝留年）になるかもしれない。

そうかと思うと、今度は何ページも段落替えがない、ひたすら切れ目なく文章が続く、一見すると紙面が真っ黒に見える論文もある。しかも、大抵は一つの文章がとにかく長い。ヘタをすれば、一ページくらいが一つの文で構成されていることもある。これは、読み手にしてみれば、息継ぎなしで長文を読まされるわけだから、頭に内容が入ってこない。先ほどの文章だとこんな感じ。

慶林は天文二年に櫟谷社を再建した後、松尾社の楼門北側を「本願所」として活動を続けるが、天文一一年の「遷宮次第」によれば、従来は公方の出資で惣遷宮をしていたが、今回はそれが難しかったので慶林が京中を勧進をしてまわり、そうして集めた金銭をもとにして遷宮をなし遂げたといい、それ以後の松尾社は公方の支援をあてにすることもなく自前で社殿の修理をすることにし、作事のために慶林がいたところを永続的に「本願所」とし、慶林はそこで「本願」となった。そして……

この文章、読んで内容が一発で頭に入ってくるという人は、あまりいないと思う。主語と述語の関係が入り組んでいるうえ、「それ」といった指示語が複数回出てきて、何のことかわからない。それで、読み手にはわけがわからないことになる。こういう文章は、何回も「慶林が」「慶林は」とあり、同じ人物が主語になっている複数の文がつながっているわけだから、文章をいくつかに分けて、整理することができるだろう。

こういう、段落と文が長い「黒い」論文は、(面白くない) マシンガントークを聞かされた後のような、非常に暑苦しい読後感をあたえ、読み手には疲労感だけが残ることになる。

段落を単位に考える

論文は、相手を説得するもの。それも論証を段階的に積み上げて、相手に自分の見解を理解してもらうものなので、文章の書き方にも工夫が必要になる。

文章を書くときに一気呵成に書き上げていくと、段落替えのない暑苦しい真っ黒の文章になる。時に筆が進んできて、勢いで書いてしまうこともあるだろうが、そういうときこそ要注意である。特に深夜は気をつけよう。

論文を書くには冷静さも必要である。一歩一歩、論証を積み上げる。そのときは、段落ごとをひとまとまりとして、小さな証明を重ねていくようにすることを考えていくといい。

たとえば、次に挙げる論文の一節をご覧いただきたい。

①「坂本馬借」の居住地区に関して、『新修大津市史』二は「三津のうちの戸津に程近い富崎・比叡辻に集住」していたとする。これは応永元年の足利義満の日吉社への参詣記録『日吉社室町殿御社参記』(『続群書類従』神祇部)の次のような記載にもとづく。

一、社頭沙汰　　　奉行越前維那

二宮方　富崎・比叡辻馬借・車借点定、当浦之船、自唐崎付戸津・比叡辻了、毎日馬二百疋計、車廿両計、首尾廿四五日也

②「社頭沙汰」が具体的に何を意味するかはわからないが、唐崎から戸津・比叡辻への湖上輸送とそこから「二宮方」までの陸上輸送の負担を、それぞれ「富崎・比叡辻」の「馬借・車借」に課したという事実だけは確実に読みとれる。したがって馬借がこの琵琶湖岸ぞいの富崎と比叡辻の二つの在地をその活動拠点としていたことは、『新修大津市史』二の指摘通りであろう。

③ただ、続群書類従本『日吉社室町殿御社参記』のこの部分の記載には、あきらかに欠落があると思われる。「社頭沙汰」に関しては、「二宮方」のみが記載され、これと併記されるべき「大宮方」の記載が見えないからである。(中略) これより先にあがる「社頭掃除」については在地への負担が明確に「大宮方」と「二宮方」の二つに分けて記されている。

④そこで注目されるのが、当該の記載部分に次のような追記のある大谷大学図書館所蔵の『日吉社室町殿御社参記』の存在である。

大宮方　戸津・坂井馬借・車借等懸之

⑤大谷大学本の『日吉社室町殿御社参記』は、筆跡から見て近代に入り書写されたものと推定される。しかし、「二宮方」云々の文章の右側に記されたこの一行は、本来あった文章を古写本によって補ったものと判定され、その内容は十分に信用できる。そし

て、とすれば、ここに新たに「坂本馬借」の居住地区として、戸津・坂井の二つの「在地」が浮かびあがってくることになる。

（下坂守「坂本の馬借と土一揆」『中世寺院社会と民衆』思文閣出版、二〇一四年、一五九〜一六〇頁、ただし注など一部を省略、段落番号を追加）

これは中世の「坂本馬借」の居住地区について論じたものだ。一度、自分で論旨を追いながら、ゆっくりと読んでみてほしい。

まず①段落で、先行研究で馬借が「富崎・比叡辻」の二ヶ所に集住するとした指摘を紹介し、続いて根拠となっている史料を提示する。②段落では、史料から先行研究の指摘の一応の正しさを確認している。

ところが③段落で、実は先行研究で依拠している史料には「欠落」があることが指摘される。「二宮」というのは、現在「東本宮」と呼ばれている日吉社の社殿の一つだが、通常は現在「西本宮」と称している「大宮」と対になっている。だから、本来は「大宮」についても書かれていたはずであり、『続群書類従本』は脱文があるはずだというのである。そして、④段落で、「大宮」部分の記載がある大谷大学本の存在を示し、⑤段落で、先行研究で「坂本馬借」の集住地として指摘されていた「富崎・比叡辻」の二ヶ所に加えて「戸津・坂井」

の存在を明らかにしている。

ここでは、段落ごとに鮮やかな起（①）承（②）転（③）結（④⑤）を構成していることがわかるだろう。段落を一つのユニットとして、段落ごとに確実に明らかにできることを述べていく。そして、緻密に論証を重ねて、全体で一つの大きな結論に達している。

読み手も、段落が一つのユニットになっているので、段落ごとに論証過程を追いながら、論旨に飛躍がないか、史料解釈に誤りがないかなどを確かめながら、順を追って読み進めることができる。

段落替えのない文章は読みにくいだけではなく、論理が積み上げ式になっていないので、論旨もわかりにくくなってしまうのがわかっていただけただろうか。

こうした論理的な構成を効果的にするために欠かせないのが、段落最初の接続詞である。先ほどの文章では、先行研究を批判するにあたって「ただ」（「ただ」は接続詞ではなく副詞）という例外の存在を提示する語が使われる。この指摘をうけて、④段落では「そこで」と続く。

段落が一つのユニットであり、ユニットを組み合わせて論証を進めるわけだから、特に段落最初の接続詞は、ユニットとユニットとの関係（順接・逆接・補足説明……）を示すための重要な機能をもつことになる。漫然と使うのではなく、よく考えて、慎重に言葉を選んで使うべし。もちろん、接続詞だらけの文章も読みにくくなるので、どこで使うかもよく考えること。

読み手にやさしい文章を

なかなか規定の字数には届かない……。そういう人が多いけれど、大学でゼミ生が持ってくる草稿を読むと、もっと丁寧に説明をしないと、これでは読み手には伝わらない——という実に不親切な文章に出会うことが多い。

文章は相手に自分の考えを理解してもらうためのツールなのだから、「読ませてやる」のではなく、「読んでもらう」もの。これは卒業論文に限らず、社会に出ても同じことである。だから、自己満足の文章ではなく、読み手にとって、わかりやすく、そしてなるべく誤解をあたえないようにする努力が必要になる。

まず、自分がわかっていることでも、必要に応じて説明を加える必要がある。大抵の大学では、卒業論文の審査は、指導教員（主査）と副査と呼ばれる別の先生による複数名でおこなわれる。主査の先生は卒業論文の準備段階から付き合っているから、ある程度は説明不足でも理解してくれるかもしれない。しかし、副査の先生は初めて読むのだから、説明が足りないと前提条件がわからず、何をいっているのか理解できない状態で文章が続いていくことになる。たとえば、次のような文章はどうだろう。

『公事根源』には「内侍所御供」について「寛平年中に始らる」とある。

このように書かれて、理解できる人はどれくらいいるだろうか。『公事根源』って何？　誰が、いつ書いた、どんな史料なの？　信用できるの？　といったいくつもの疑問が読み手には浮かぶ。その辺のフォローがされないままに文章が進んでいくと、読み手は消化不良を起こしてしまうことになる。

まず、使う史料については、文中に少し補足しておくのが親切だ。たとえば、

応永二九年（一四二二）の奥書をもつ一条兼良による有職故実書『公事根源』には、「内侍所御供」について「寛平年中に始らる」とある。

とあれば、読み手は史料の性格がわかる。たとえば、室町時代の史料であること、創作ではなく故実書なので、中世の状況に関しては一定の信頼はおけるであろうこと、しかし寛平年間（八八九～八九八）からは時代差がありすぎるので、行事の創始に関する史料としては使えないであろう――といったことだ。自分はわかっているつもりでも、読み手の立場にたって、ひとこと説明を加えていくだけで、かなり読みやすい文章になる。

ただし、あまり説明が長すぎると逆効果になる。読み手の思考を妨げない程度の補足説明に留めておくことが肝心である。たとえば、

室町時代の公卿で古典や有職故実に造詣が深く『樵談治要』や『尺素往来』などの著書でも知られた一条兼良（一四〇二〜一四八一）が応永二九年（一四二二）に記した朝廷の年中行事を順次くわしく解説して、由来を論じている『公事根源』、あるいは『公事根源抄』とも呼ばれる文献によれば、「内侍所御供」について「寛平年中に始らる」とある。となると、「内侍所御供」の話だったはずなのに、『公事根源』についての説明のようになってしまって論旨がぼやけてしまう。どうしても必要で長くなるような場合は、注にまわしたり、前の段落で史料の検討をしておくなど、構成上の工夫が必要になる。

補足と言っても、織田信長とは……みたいないわずもがなの説明は不要。「そのくらい知っとるわい。バカにしてんのか」となってしまう。この辺の匙《さじ》加減は、読み手の立場にたって、考えること。

文章を書くうえでの注意

（1）中心になる用語や分析概念は最初に定義する

論述の中心になる分析概念を何となく感覚的に使っていると、内容がブレていたり、色んな意味で使われていたりして一貫しないものになってしまう。最初に必要な用語や概念は定義する。

その際に注意する必要があるのは、研究史をふまえて、どのような意味で使うか、範囲や内容を適切に定義すること。読み手と共通理解がないままで文章が進んでいくと、わけがわからないものになる。

それから、例えば「資本主義」とか、「国家神道」「顕密仏教」「国民国家」などといった言葉は、従来の研究で使われてきた学術用語なので、こうした用語を勝手に自分で定義して使ってはいけない。

自分で勝手に定義しておいて、「律令国家は資本主義社会であった」とか「日本近代に国家神道はなかった」といっても話がかみ合わない。研究史を無視した学術用語の定義は、学問への冒涜である。これまでの研究史のなかで、どのように使われているかを確認し、齟齬《そご》のないような使い方をする必要がある。基本的な学術用語については、歴史科学協議会編『戦後歴史学用語辞典』（東京堂出版、二〇一二年）が参考になるだろう。

（2）用字・表現を統一する

史料に多様な表現や用字が出てくる場合、正式名称と通称名などがある場合、あるいは人物名が途中で変わる場合など、地名や人名などの固有名詞や、史料中に出てくる歴史用語などは、統一した表現にする。

たとえば、加賀藩・前田藩・金沢藩など、同じ対象が違う表現で書かれると、読み手は混乱することになる。「大阪」と「大坂」など、多様な表現が出てくる場合も、引用史料はともかくとして、地の文では統一して書くように注意すること。

同様に「その時、長州は……」というような表現も注意が必要である。「長州」といっても、「長州藩」をさしているのか、長州＝長門国をさしているのかわからない。場合によっては長門守のことかもしれない。読み手が誤解しないように「長州藩は」などと書く方が親切である。自分ではわかっているのかもしれないが、初めて読む人にとって、文脈から判断するというのは容易ではない。

長期間にわたって執筆をする卒業論文は、うっかりすると執筆する日ごとに表現がかわってしまうことがあるので、完成したら必ず見直すこと。

（3）勝手な造語は使わない

論文中に、辞書にも載っていない不思議な言葉や用語が登場する場合がある。たとえば

この時の織田信長は、天下人症候群にかかっていたのである。

とか

念仏信仰が村落共同体の細胞膜を通過し、人びとに伝染していったといえよう。

のような表現が出てくると、書いている方は「うまいこと言っている」つもりかもしれないが、読み手にはさっぱりわからない。造語や譬喩《ひゆ》ではなく、誰もが理解できる表現で説明す

ること。

どうしても既存の学術用語や概念で表現できない場合は、きちんと内容を定義して新しい言葉を使うこと。その場合も、できれば史料に出てくる言葉を使う方がいい。

論文は、読み手に共感を期待してはいけない。何となく感覚でわかってもらえるだろうという甘えは禁物である。

（4）史料は引用しっぱなしにしない

論文で史料を引用するのは当然だが、長々と史料が引用されているだけで、何がいいたいのかわからない論文も多い。史料集ではないのだから、引用した史料から、どのようなことがいえるのか、何を論証するために引用したのか、自分の言葉で書くこと。たとえば、次のような引用だけの文はやめてほしい。

『大乗院寺社雑事記』文正二年正月十九日条には以下のようにある。

一昨日京都合戦云々、十七日畠山政弘屋形自放火、率人勢上御霊ニ陣取之、公方ニ義就・山名入道宗全・一色等閉籠故也、京極入道等今出川辺ニ罷上陣取、政弘為合力也

（以下略）

とあり、また翌二十日条には

一一昨日御霊合戦事、義就・山名入道為両人沙汰政弘責戦之間、政弘打負退散、不便

無極次第也云々

とある。そして、応仁元年五月十七日条に尋尊は……

これでは、引用史料から何を読み取ろうとしているのか、読み手にはわからない。読み手に史料を読んで自分で考えろというのは無責任であり、自分の論旨に沿って、ここから何を読み取ったのか、何を主張したいのかを書かなければいけない。この場合だと、引用史料の後に、「ここから……ということがわかる」といったかたちで、相手に自分の言葉で要点を書く。

ただし、長文の史料を引用して、さらに長々と逐語訳・現代語訳をする必要はない。要点をかいつまんで、自分の論旨に沿ってまとめること。

必要に応じて引用史料に傍線を引くなどして、長文の史料のどこがポイントになるのか、示しておくのも一つの方法。「傍線部1からは……ということが読み取れ、さらに傍線部2では……ということを示している。」とするとわかりやすくなる。ただし、この場合は傍線はオリジナルの史料にはないものなので、注や引用史料の後に「傍線は引用者」などと注記をするのが作法である。

もちろん、短いワンフレーズの引用で、読めばわかるような場合は、引用だけでも支障はない。

（5）「　」はむやみに使わない。効果的に使用する

文章にいくつもの「　」が出てくるのも読みにくい文章である。史料引用の場合は「　」で括るのは当然だが、地の文で思わせぶりに「　」を多用するとわかりにくいものになる。括弧は引用だけでなく、強調・所謂……という意味、謎かけ、皮肉などなど、実に多様な使われ方をする（木村大治『括弧の意味論』NTT出版、二〇一一年）。

寺領からの「収入」のみで経営することが困難な寺社は「講」を組織するなど「信仰集団」の「編成」を試みるが、恒常的な「運営」が出来るほどの「講」集団を組織できない寺社は、「勧進」による「広範」な「募縁」活動を否定しては「存続」することができない。

このような、括弧が必要以上に多く、何やら意味ありげな文章は、その都度どのような意味で「　」が使われているかを、読み手が考えないといけない。ということは、読み手に過剰な負担をかけることになる。

もちろん、括弧を使うなということではない。意識的にきちんと使えれば、効果的な記号ではある。どういう意図で括弧を使うか、よく考えて、ここぞというところで使うようにする。そして、括弧付きの用語を意識的に使う場合は、同じ意味なのに「　」あり、なしが混在しないように注意すること。

史料翻刻のルール

活字化されている史料を引用するときは、基本的にはそのまま書き写せばいいのだが、旧漢字が使われているときは、現在一般的に使われている常用漢字（新字）に直してかまわない。ただし、その場合はすべてを新字に直す。史料の漢字を変えたことが読み手にわかるように、注で「漢字は新字に改めた」などと書いておけばいい。

史料集によっては変体仮名やくずし字の「候」などを、そのままのかたちで活字化している場合がある。そういう場合は、普通の平仮名や漢字に直してもいい。

活字化されていない古文書を使う場合は、史料を解読して活字化するときの一般的なルールというか慣習があるので、それに沿って活字化すること。漢字は常用漢字に改めても問題ない。変体仮名が使われている場合も、一般的な仮名で書く。ただし、近世文書などの場合は、助詞として使われる漢字「者」（は）・「而」（て）・「茂」（も）「与」（と）・「江」（え）・「之」（の）などは仮名にせずに漢字のままとするのが一般的だ。実際の古文書でも、これらは漢文の訓点のように小さく書かれていることが多いので、「之」以外は小さい活字を使い右に寄せて組むことも多い（なぜか「之」だけはしない）。合体字の「〼」（より）が使われている時は、活字があるので「より」としないで「〼」とすることが多いようだ。

年月日と差出人・宛名の相対的な高さは、差出人と宛先の上下関係を示す重要情報なので、きちんと再現しよう。また、差出人が捺印をしている場合は、（印）とか㊞などと表記する。花押があれば、（花押）とする。

原文書の改行はあまり気にせずに続けて書いてもいいが、領主などに関わる語（名詞・動詞の両方がある）に敬意を表すために挿入された空白（闕字《けつじ》）や、敬意を表すべき語のために途中で改行して対象を行頭に置く平出《へいしゅつ》などは、詰めないで原文のとおりにしておこう。

虫食いや破損で読めない文字がある場合、字数が確定できる時は字数だけ□を書く。字数がわからない場合は［　］とする。原文で修正・訂正が加えられている場合、最近では取り消し線を引いて活字化されていることもまれにある。だが、~~スーパーマーケット~~みたいに取消線が文字と重なると読みにくいので、あまりオススメできない。普通は抹消を示す記号「ζ」を左側に付けて、右側に訂正された文字を書くことが多い。抹消部分が判読できないときは字数分だけ■とする。

原文で誤字や宛字が使われているときや余計な文字（衍字《えんじ》）が入っているときは、翻刻ミスではなく、原文どおりに書いていることを示すために右側に原文に書かれている表現のままであることを示す（ママ）をつける。ただし、間違ってもいないのに、あなたが知らなかったために、うかつな（ママ）をつけると無知がばれるので注意する。

朱で書き入れがある場合や、後になって書き込まれたものなどは、当初からの文字と区別できるようにする。朱で書かれている場合は（朱書）「聴届候事」などのように、括弧で（朱筆）であることを示し、「　」内に記載内容を書く。同様に、後年になって書き込まれたものは（後筆）、筆跡や墨の色から別人のものだとわかる場合は（異筆）などと記す。端裏書・包紙の表書きなども（端裏書）（包紙ウハ書）と記して「　」内に内容を書く。包紙の表書きを「上書」と書かずに、片仮名で（包紙ウハ書）と書くことが多いようだが、これは「上書《じょうしょ》」（建白書、上申書）という文書があるので、区別するためのようである。

翻刻史料には読点を

史料原文には句読点「、」「。」はついていないが、切れ目に「、」をつける（「。」はあまり使われず、文が終わるときも「、」を使うことが多い。ただし「。」を使っても間違いではない）。大学や指導教員によっては、返り点（一二点、レ点など）を打つことが求められる場合もあるので確認をしておこう。

ただ、どこかの本で読んだのか「なお、読みやすくするために引用史料は漢字を新字に直し、句読点を付した」などと卒業論文で書かれることがあるが、これはやめてほしい。いくらなんでも学生に、「読みやすくする」ための配慮をしてもらわなければ史料が読めないほど落ちぶれてはいないつもりでいる。「、」をつけるのは、自分が史料をどう読んだかを読み手に伝えるための作業である。

たとえば、「候得共《そうらえども》」といった言葉を知らずに、「候」だから文が終わると思って「候、得共」などとしていると、史料が読めていないのではないかと疑われることになる。これは極端な例だが、「、」の打ち方一つによって文意が変わることもあるので、慎重にすること。

ただ、ちょっとしたコツを一つ伝授しておこう。筆で文章を書くときは、筆に墨を付けたら一区切りつくまで一息で書く。墨がどこで継がれているか、原文書の墨の濃淡を慎重に見極めれば、書き手がどこまでを一つのかたまりとして書いていたかがわかる。墨の継ぎ目になるところは「、」がつくことが多いだろう。

史料翻刻の例

次に、史料翻刻の参考例を二つ挙げておこう。まずは、一紙ものである。読点（「、」）をつけて、助詞の「は」として使われている「者」と「ニ」は小さい活字で右に寄せている。これは原文も同様である。「御免勧化」で改行されている部分は平出なので、その点にも注意をして翻刻している。

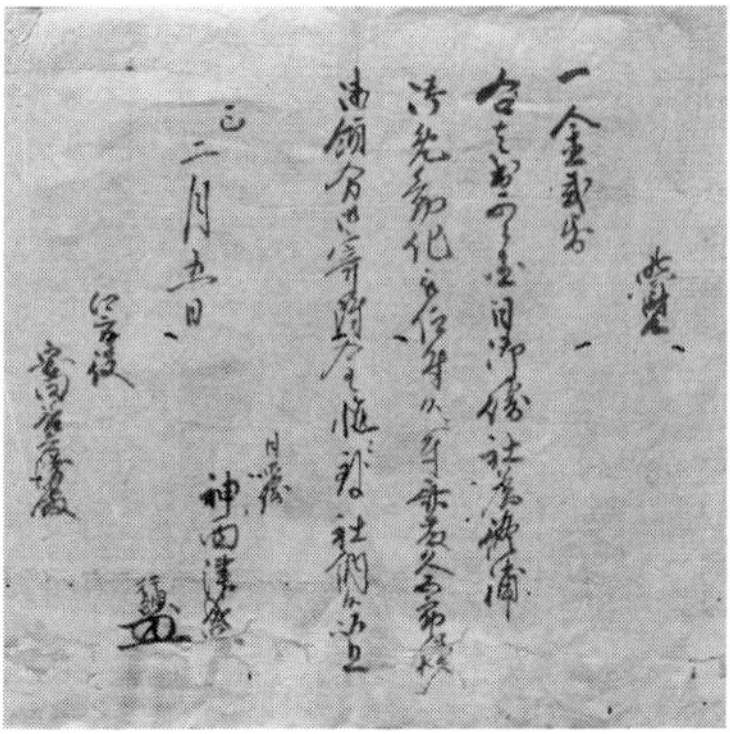

覚

一金弐歩

右者出雲国日御崎社為修補

御免勧化被仰付候ニ付、斎藤久五郎様御領分御寄附金、

慥ニ致社納候、以上

日御崎

巳 二月五日　神西津盛

行綱（花押）

江戸役

安田善兵衛殿

次の史料は訂正や朱での追記などがある。やや複雑になっているが、写真と見比べてほしい。「軒」の字に×をしているのも、左端の行にある「同様」を丸く囲んでいるのも抹消の意味なので、左に「ミ」をつけてある。

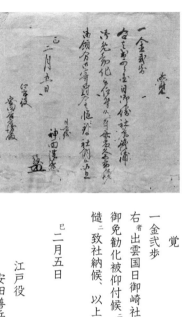

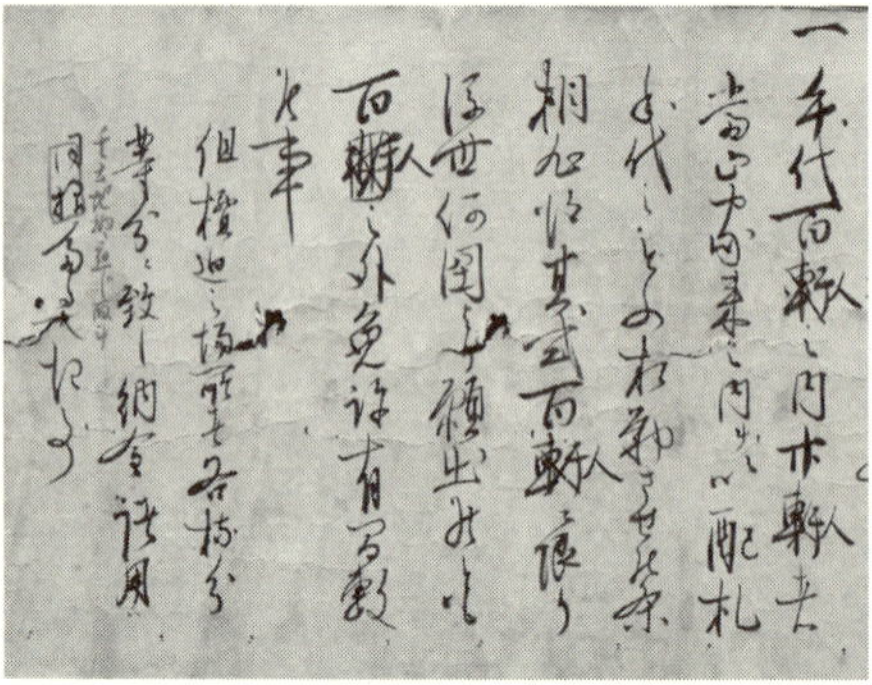

一手代百軒〈人〉之内廿軒〈人〉者当山家来之内ヲ以配札手代之もの相勤させ候条相心得、其式百軒〈人〉ニ限り、後世何国よより願出候とも百軒〈人〉之外免許有間敷候事

但、檀廻之場所者各持分等分ニ致し、納金諸用（朱筆）「八」

（朱筆）「其土地柄ニ応じ取斗」同様たるへき事

この史料は明治二年（一八六九）に、ある寺院が配下としていた「配札手代」を、明治維新後に再編成した際の規定である。写真を見れば、文章の訂正が複数箇所にわたっていることがわかるだろう。翻刻にあたっては、面倒だが右のように丁寧に注記をすることで、「軒」から「人」への墨での訂正と、朱筆による字句の変更の二段階で、修正が加えられていることが読み手にもわかる。

墨での訂正と朱での修正の前後関係は不明だが、訂正以前と以後で内容が変わってきていることがわかる。但し書きの部分では、もとは配札の縄張りにあたる「檀廻之場所」をメンバーで均等に分割し、「同様」に本山へ「納金諸用」も均等に負担するように書かれている。しかし、朱で「ハ」が追加されたことで、「檀廻之場所」は均等に分割されるが、「納金諸用ハ」均等ではなく「土地柄」に応じて増減があってもよいことになっている。これは、縄張りを均等に分割しても、その受け持つ地域の経済力や人口によって収入に多寡があり、均等負担がかえって不公平になったのかもしれない。

また、墨の「軒」から「人」へ訂正した意図は明快だろう。配札をする人数を一〇〇人に制限し、そのうち二〇人を本山直属の家来が確保する規定である。しかし、元のように「軒」とすれば、一軒あたり何人が配札に従事してもいいことになり、結果的に実働人数が増加し、制限が骨抜きにされてしまいかねない。そう考えて、「軒」ではなく「人」にしたのであろう。

このように文書の訂正部分から、史料を書いた人が、どのようなことを考えていたかが手に取るようにわかるときがある。だから、訂正箇所も含めてオリジナルの文書の状態が、読み手にわかるように細かく明示しておく必要がある。

第9章 注をつける

注は用語解説ではない

卒業論文では「注」をつけないといけない。とはいえ、今までのレポートでは参考文献のリストを挙げることはあっても、注をつけることはあまりなかっただろう。だから、ほとんどの学生が、注のつけ方がわからなくて苦労することになるようだ。

そのせいか、論文に「注をつけろ」というと、「用語解説」がついてくることがよくある。

たとえば……

大和国(1)における豊臣秀吉(2)の検地(3)については……、

(1) 現在の奈良県のこと

(2) 一五三六～一五九八、尾張生まれの安土桃山時代の武将。幼名は日吉丸。織田信長に仕え、本能寺の変のあとは明智光秀・柴田勝家を討ち、天下を統一した。

(3) 年貢徴収と農民支配を目的として領主がおこなった土地の測量調査のこと。特に豊臣秀吉による検地を太閤検地という。

といった類である。こういう「注」を見ると「ソウジャナ～イ!」と叫びたくなる。入門書や解説書には、難しい専門用語などに注釈がついて、用語の解説がされているものもある。だから、「注」といわれて、用語解説をつけているようだと、「入門書ばかり読んで、ちゃんと論文を読んでないな」ということがバレる。

古典文学や史料集には、詳細な語釈や注釈がついているものがある。しかし、あなたの論文は古典文学でも貴重な歴史史料でもない。卒業論文で求められている「注」とは、用語解説などでは断じてない。

注がなければ論文とはいえない

そもそも論文とは、①先行研究をふまえて、②史料に基づいて、③自分のオリジナルな見解を示すものである。論文の中で、オリジナルな著者の見解（③）がどれで、他の人がすでにいっていることがどの部分（①）で、史料に書かれているのがどこか（②）を読み手にわかるように示さないといけない。

つまり、①と②には注を付して、①誰の見解か、あるいは②何を根拠にしているかを読み手に示す必要がある。注がなくていいのは③の自分の見解だけということになる（もちろん、「織田信長が本能寺で明智光秀に討たれた」という類の常識に属することまでは注も不要だ）。

すべてが自分の創作（それは「文学」であっても学術論文とはいえない）というわけでなければ、通常なら二万字近い卒業論文を、先行研究や史料の引用なしに書くことは不可能である。だから、一般論でいえば、それなりの数の注がつくはずである。

たとえば、次のような文章を書いたとしよう。

京都において、近代初頭に中断していた「地蔵祭」が復活するのは明治半ば頃とされていた。しかし、『京都滋賀新報』明治一六年八月一九日には「地蔵盆」についての記事があり、下京区「真町文書」には同年に地蔵の祭祀をするために寄付を集めた際の帳面がある。これらのことから、明治一〇年代半ばには「地蔵盆」が復活していたと考えられる。

ここで傍線・波線を引いていない部分は筆者の見解なので注は不要だろう。波線を引いたところは、『京都滋賀新報』「真町文書」という史料に書いてあることなので、それぞれに注をつけて典拠（この場合は、『京都滋賀新報』は京都府立京都学・歴彩館蔵マイクロフィルム、真町文書なら京都府立京都学・歴彩館蔵）を示すことになる。これは、まあなんとなくわかると思う。

卒業論文の草稿などで、あるべき注がついていないことが多いのが、傍線部にあたる部分である。ここでは、「～とされていた」としているのだから、誰が、何という論文で「明治の半ば頃」といっていたのかを示さないといけない。論文で「～とされている」とか「～といわれている」と書くときには、必ず、誰が何という論文で、そのようにいっているのかを示さなければならない。

注の大切さ

研究というのは、数多くの先学による成果の上に、新しい成果を付け加えていくことで前に進むものである。すべてが自分の力でできるわけではない。「〜とされている」といえるのは、そこまで研究を進めてくれた研究者がいたからこそである。

だから、これまで研究を進めてきてくれた先行研究に対して、敬意をもって接することが必要である。それをしないのは傲慢であるといわざるをえない。

また、他の研究者がすでに発言していることを、さも自分が見つけたかのように書く（あるいは意図していなくても、読み手がそう誤解する書き方をする）ような、他人のフンドシで相撲を取るような文章は厳禁である。先行研究に依拠しておきながら、注で典拠が示されていなければ、ことによると剽窃《ひょうせつ》が疑われ、最悪の場合は不正行為と見なされてしまい、卒業論文が不合格になるようなこともあるかもしれない。

ただし、辞書レベルのことまで注をつける必要はない。たとえばこんな感じの注は不要。

　中世社会は、武家・寺社・公家などの権門が、相いに補完して権力を行使していた。なお「権門」とは、『広辞苑』によれば官位が高く権勢のある家柄の人びとのことである。(1)

(1)『広辞苑』第六版（岩波書店、二〇〇八年）

辞書を使って調べるのは悪いことではないが、どうしたわけか歴史学の分析概念や専門用語まで、『広辞苑』ですまそうという手合いが多い気がする。これは何でも電子辞書で手軽にすまそうとしているからなのかもしれないが、『広辞苑』はあくまでも国語辞典である。

本を読むときにわからない言葉を調べるのには使えるが、学術論文ではない。

ここで中世社会との関わりで使われている「権門」という概念は、一般的な名詞としてではなく、「権門体制論」という考えをふまえた学術用語として使われているはずである。だから、中世の「権門」について言及するなら、注には「権門体制論」を提唱した黒田俊雄《くろだとしお》の論文が記されるべきであり、『広辞苑』などが引かれていると、「権門体制」も黒田俊雄も知らないことがバレてしまう。

注がちゃんとしていれば

注は、自分のオリジナリティのある部分を明示するために必要なだけでなく、読み手が論文の妥当性を検証するためにも必要である。そのためにも、根拠となっている史料の典拠や依拠している研究を明示することは欠かせない。

提出された卒業論文を読むときには、最初に注を見ることにしている。この注で、取り上げようとしている問題に関する基本的な論文がきちんと挙げられているか、参照されている史料は妥当なものか……。ちゃんと勉強していれば、基本中の基本であるはずの論文や史料を見落とすはずがない。適当にそこら辺から文章を引っ張ってきて、コピペででっちあげたような卒業論文は、こういうところからすぐにバレる。

依拠している文献が微妙なものだったり（たとえば、幕末史を司馬遼太郎《しばりょうたろう》の『竜馬がゆく』や『新選組血風録』に依拠するなど）、史料が信頼しかねるものだったり（『東日流外三郡誌』を古代史の史料として使うとか、小瀬甫庵《おぜほあん》『太閤記』のような軍記物を同時代史料として使うとか……）していれば、読み手は眉にツバをつけて読むことになる。現代語訳のものを史料として引用している場合も、ちゃんと史料原文を見ていない証拠（たとえば『信長公記』は織田信長を研究するうえで重要な史料だが、中川太古訳『現代語訳 信長公記』中経出版・新人物文庫、二〇一三年などを参考にするのはいいとして、現代語訳を「史料」として引用すべきではない）。なかには、『詳説日本史B』（山川出版）などの教科書を注に挙げてくる人がいるが、こういうことはアホ全開なのでお願いだからやめてほしい。教科書は先行研究ではない。

それから、本書はたとえ卒業論文を書くときに参考にしていたとしても、論文の内容面で参照するようなものではない。もし、参考文献に本書が挙げられていたら、本書をちゃんと読んでいない証拠である。

こういう不用意な史料や文献の使い方も、ちゃんと勉強し、ゼミ発表などで先生の指導を聞いていれば、回避できるはず。それができていないということは、話を聞いていなかったことになる。

引用史料が確かで、依拠している先行研究が妥当なものであれば、読み手は安心して、論旨を確かめながら読み進めることができる。

注の具体的なつけ方

注のつけ方といっても、色々なパターンがある。改めて注の付け方を説明するとなると厄介なのだが、以下に概略を記しておく。ただし、これはあくまでも一例である。

（ア）直接引用する場合

先行研究の記述や史料をそのまま「　」で引用している場合は、「　」の後や引用文の最後に注番号をつけて、出典を明記すればいい。

良恩寺住持は「其ノ地モ元トヨリ良恩寺ノ境内[1]」と寺を訪れた黒川道祐に語っていた。

（1）「近畿歴覧記」（新修京都叢書刊行会編『新修京都叢書』第一二巻、臨川書店、一九七一年、一四〇頁）

高田陽介は、近世以降の京都には「町や町組の共同墓地が観察されない[1]」と指摘する。

（1）高田陽介「戦国期京都に見る葬送墓制の変容」（『日本史研究』四〇九号、一九九六年）

「」内は、史料の原文どおり引用する。史料は論証のために重要な根拠なので、引用する際には勝手な現代語訳をしないこと。誰もあなたの現代語訳など信用しないから。

三行以上にわたるような長文の史料は「」ではなく、一〜二字下げで引用する。注番号は引用史料の最後につける場合と、引用史料に番号を付けて〔史料1〕などとして、そこに注番号をつける場合がある。

〔史料2〕(1)

一札

粟田口惣堂良恩寺を拙僧ニ御預ケ被成候、則寺付什物不残帳面之通悉御預ケ被成候上は、此寺少も如在仕間敷候、仍而為其一札如件

貞享三寅年　　良恩寺　印

霜月廿日　　風誉専的　印

粟田口

惣中参

(1) 京都市編『史料京都の歴史』第一〇巻「東山区」(平凡社、一九八七年、九四頁)

一、且又、仏師久慶申候ハ、先年良恩寺火屋ハ、けあげニ有之候得共、南禅寺権現様霊

屋有之候ニ付、公儀依御意、阿弥陀か峯へ引申候、知恩院焼場ハ、其已前ゟ今之地ニ有之候由、久慶親代ヨリ存候旨、申之候(1)

(1)『日鑑』享保元年七月廿七日条(総本山知恩院史料編纂所編『知恩院史料集 日鑑・書翰篇六』総本山知恩院史料編纂所、一九八七年)

注は、古文書を史料集から引用する際は、史料が掲載されている書籍名(史料集など)を明示する。近代の書籍や新聞などを史料として引用する場合は、その書籍や新聞名(新聞の場合は日付け、見出しなども)を、古文書などを史料館で閲覧して自分で翻刻した場合は、文書名(「借用申金子之事」)だけではなく、史料群名(「山田太郎家文書」「奈良市山陵区有文書」)や所蔵機関での登録番号などを記載する。

(イ)間接的に引用・参照する場合

先行研究でいわれていることを要約したり、先行研究の成果に依拠する場合。あるいは史料の内容を要約して記述する場合。こうした間接的な引用、研究の参照でも当然ながら注が必要である。

中世における葬送の担い手について、細川涼一は西大寺律宗に着目して研究を進めるなかで、律宗の斎戒衆が葬送に関与していたことを明らかにした(1)。

(1)細川涼一『中世の律宗寺院と民衆』(吉川弘文館、一九八七年)

小堀代官所に対し、元禄九年（一六九六）に従来通り良恩寺が「支配」したいと願い出ると、三月九日にそれは認められた。こうして火葬場は、もと通りに良恩寺に返還された。[1]

（1）『華頂要略』五九巻（京都府立京都学・歴彩館蔵）

（ウ）一括記載

場合によっては、同じ史料をくり返し使う場合もあるだろう。一つの史料を徹底的に分析することで立論するときなどである。そんなときは、引用のたびごとに注をつけるとかえってわずらわしく見える場合もあるかもしれない。

たとえば、織田信長について『信長公記』をベースに論じるのであれば、最初の部分に注をつけて

以下、『信長公記』については、すべて奥野高広・岩沢愿彦校注『信長公記』（角川文庫、一九八四年）により、『公記』と略したうえで頁数のみを記す。

というように一括で記して、あとは

「もし此両条違背に付いては、根本中堂・三王廿一社初めとして、悉く焼き払はるべきの趣御掟候キ」（『公記』一二六頁）とあるように……

というようにすることも可能である。

また文脈から、明らかに直前に引用した史料から部分的に引用していることがわかるようなら、注はなくてもいいだろう。

（エ）補足説明

研究史整理にあたり、自分の論旨と直結するものについては、しっかりと取り上げなければならない。なかには、直接は関わらなくても、そのテーマについて論じているので無視もできないという場合もある。こういうときは、「この論文があるのは知っているし、読んでいるけれど、今回はメインじゃないからね」という意味で注でひとまとめにして挙げることがある。

また、論旨から外れるので本文には書けないが、どうしても書いておきたいことや、誤解を避けるために補足しておきたいことなどを注に入れることもある。語彙の定義なども、本文に入れるほどでなければ、注で補足しておくといい。一例を挙げるとこんな感じ。

（1）他に近年の中世後期から近世にかけての勧進・本願に関する研究としては、小野澤眞「中世の港湾都市に広がる勧進聖」（地方史研究協議会編『巨大都市大阪と摂河泉』雄山閣出版、二〇〇〇年）、高埜利彦「近世国家と本末体制」（『近世日本の国家権力と宗教』東京大学出版会、一九八九年）、東島誠「公共負担構造の転換」（『公共圏の歴史的創造』東京大学出版会、二〇〇〇年）、太田直之『中世の社寺と信仰―勧進と勧進聖の時代―』（弘文堂、二〇〇八年）、豊島修・木場明志編『寺社造営勧進 本願職の研究』（清文堂、二〇一〇年）等がある。

（2）なお、これ以前の文亀二年四月にも「勧進沙門」による「嵯峨清凉寺塔婆造立勧進状」が作成され、「塔婆」の勧進が進められている（国立歴史民俗博物館架蔵「田中穣氏旧蔵典籍古文書」一八一―六）。

（3）ここでいう「共同墓地」とは不特定多数が共同利用する墓地という意味合いで使っている。高田陽介は「地縁的共同体を基盤とする共同墓地」という表現を使っており、惣墓のような限定的な構成員によって排他的に利用される墓地の意味で「共同墓地」の語を使用しているが、本稿では、これを「惣墓」と呼んで区別する。

（4）泉滴は史料によっては「専的」とも書かれているが、以下では史料上の文言を除き「泉滴」とする。

他にも注には色々な使い方があるが、その辺は実際にいくつもの論文をきちんと読んでいれば身につくはず。迷ったら、これまで先行研究として集めてきた手元の論文をいくつか見てみること。

注番号をどこにつけるか

注の番号をどこにつけるかというのも、慣れないうちは迷うだろう。ケースバイケースなのだが、何に対する注記なのかが、読み手にわかるようにするのが原則だ。

(ア)「菅浦絵図」[1]の作成年代を暦応から貞和の間とした瀬田勝哉の見解には、異論も出されている。

この場合は、「菅浦絵図」についての注記になるので、その史料がどこに所蔵されているか、あるいは何という史料集に掲載されているかといった、出典を明示することになる。

(イ)「菅浦絵図」の作成年代を暦応から貞和の間とした瀬田勝哉の見解には[2]、異論も出されている。

こうすると「見解」についての注になる。「暦応から貞和の間」とした「瀬田勝哉の見解」は、どの雑誌・本に掲載されている、何という論文であるかを示す。

(ウ)「菅浦絵図」の作成年代を暦応から貞和の間とした瀬田勝哉の見解には、異論も出されている[3]。

このように文章の最後につければ、文全体にかかることになるが、ここでは「異論が出されている」ことについて、誰がどのような論文で、どのような「異論」を出しているかを明記する注になるだろう。

だから、ことによると一つの文（センテンス）に複数の注がつくこともある。

「菅浦絵図」(1)の作成年代を暦応から貞和の間とした瀬田勝哉の見解には、(2)異論も出されている。(3)

（1）『菅浦文書』七二二号、図版は「近江国菅浦絵図」として小山靖憲他編『中世荘園絵図大成』第一巻（河出書房新社、一九九七年）などに掲載

（2）瀬田勝哉「菅浦絵図考」（『武蔵大学人文学会雑誌』七巻二号、一九七五年）

（3）下坂守「『菅浦絵図』の成立」（葛川絵図研究会編『絵図のコスモロジー』上巻、地人書房、一九八八年、のち下坂守『描かれた日本の中世―絵図分析論―』法蔵館、二〇〇三年所収）

とこんな感じだろうか。まあ、注番号をどこにつけるか迷うようなら、とりあえず句読点（「、」や「。」）の前につけておくのが無難だろう。

注の番号は、雑誌論文などでは（1）といった括弧数字が使われることが多い。時には①や※1といった書き方もある。要は本文と注が対応できればいいので、特にこうでなければならないというきまりはない。ただし、数字は算用数字を使うこと。漢数字でも問題はないが、お願いなのでローマ数字はやめてほしい。LXVII（=67）とかLXXIII（=73）と書かれて、わかる？

注をつけるのは、ワードなどのワープロソフトにある注機能を使えば簡単だし、番号がずれても自動的に調整してくれるのでオススメ。注機能の使い方がわからない場合は、手書きで番号だけ書いても問題ない。ただし、手書きの場合は記入漏れや、番号のズレなどに十分注意すること。

注を書くにあたっては

注は、通し番号で最初からつけていくこと。そして、本文の後ろに「注」（「註」と書く人もいるが、どちらも一緒なので、どちらを使っても間違いではない）と記して、（1）から順番に注を書いていく。こんな感じである。

注
（1）豊島修「寺社造営勧進『本願』研究の現状と課題」（豊島修・木場明志編『寺社造営勧進本願職の研究』清文堂出版、二〇一〇年）
（2）吉井敏幸「近世初期一山寺院の寺僧集団」（『日本史研究』二六六号、一九八四年）
…

同じ史料や文献を使うときも通し番号にする。次のようなものはダメ。

信長は九月一二日に比叡山を包囲し(1)、坂本を放火したうえ(2)、比叡山の「霊仏・霊社・

僧坊・経巻一宇も残さず」焼き払った。[1]
(1)『信長公記』巻四
(2)『お湯殿の上の日記』元亀二年九月一二日条
このような文章を見て、何度も行ったり来たりさせられてイライラすることがある。通し番号で(1)(2)(3)と注をつけて、面倒でも
(1)『信長公記』巻四
(2)『お湯殿の上の日記』元亀二年九月一二日条
(3)『信長公記』巻四
と書く。「前掲注5網野論文」とか「同右」といった表現も上手に使うこと。

また、今さらあらためて書くことでもないのだが、参考文献の表記にあたっては、論文名は「 」(カギ括弧)、書籍名や雑誌名は『 』(二重カギ括弧)を使う。

雑誌に載っている論文の場合は、著者名「論文名」『雑誌名』号数、発行年が基本。

論文集や単著に載っている場合は、論文著者名「論文名」(書籍編著者名『書籍名』出版社、発行年)

川嶋将生「京都案内記の成立」(川嶋将生『「洛中洛外」の社会史』思文閣出版、一九九九年)

瀬田勝哉「近世都市成立序説―京都における土地所有をめぐって―」（寶月圭吾先生還暦記念会編『日本社会経済史研究　中世編』吉川弘文館、一九六七年）

佐藤弘夫「神仏習合と神祇不拝」（『日本史研究』第五一一号、二〇〇五年三月）

勝田至『日本中世の墓と葬送』（吉川弘文館、二〇〇六年）

まあ、この辺は常識のはずなのだけれど、最近は図書館を使わずにCiNiiなどを使ってネットで論文を拾ってくることがある。そんなときに、もとの論文が雑誌論文なのか、論集なのか、どういう形態で発表されたものかわからないので、論文名を『　』にしたり、雑誌名を「　」にしたりした、むちゃくちゃな表記になっている場合がある。ネットで見つけた論文であっても、オリジナルがどのような形態で発表されたのか、きちんと確認をしておくようにすること。

注意が必要なのは雑誌論文の発表後である。雑誌論文は、後になって筆者が既発表の論文をまとめた論文集（単著）を刊行していれば、そこに収録されているかもしれない。同じタイトルだから内容も一緒だろうとスルーするのは禁物。論文集に収録する際には、加筆訂正がなされていたり、論文発表後に出された批判に対する応答などが、追記されていることも多い。その筆者の最新の見解を確認するためにも、論文集が出ているようなら必ずチェックしておくこと。

雑誌論文発表後、論文集に収録されている場合は、次のように書く。
山田邦和「京都の都市空間と墓地」（『日本史研究』四〇九号、一九九六年、のち山田邦和『京都都市史の研究』吉川弘文館、二〇〇一年に所収）

史料の注記は、刊本に載っている場合なら掲載書籍名や巻数などを書く。史料集には、掲載史料に通し番号がついていることが多いので、その番号も添えておく。たとえば『平安遺文』だけだと、史料全一一巻、金石文編・題跋編の全一三巻のどこに載っているのかさっぱりわからない。

活字になっていない史料を所蔵機関で閲覧した場合は、史料名だけでなく、所蔵機関名や史料の登録番号などを付記するのが作法。

迷ったときは、『日本史研究』『史学雑誌』『ヒストリア』など、代表的な学術雑誌の論文を参考にするといい。ただし、近年は学術雑誌や文献によって、

京都の地蔵盆については〔村上　二〇一七〕などがある。

といった著者名と発行年を本文に括弧書きで記して、文末に参考文献リストを挙げるスタイルも増えてきている。しかし、卒業論文ではこのテの書き方は指定していないこともある。手近にあるのを適当に真似すると失敗するので、ちょっと注意が必要である。

「孫引き」厳禁

論文に引用されている史料を、そのまま引き写しすることを「孫引き」というが、これは絶対に禁止である。研究者は、その史料を見つけ出すために厖大な手間をかけている。にもかかわらず、あなたが典拠にあたることさえせず、「孫引き」をするようなら、学問への姿勢が問われることになる。

たとえば、次のような感じのものは「注」からアヤシイとわかる。

『塵芥集』には、「自害の事、題目を申をき死に候はゞ、遺言の敵、成敗を加ふべきなり」[1]とあり、「遺言」をして自害すれば、伊達氏が成敗してくれていたことがわかる。

(1) 清水克行「中世社会の復讐手段としての自害」(清水克行『室町社会の騒擾と秩序』吉川弘文館、二〇〇四年、三一頁)

「中世社会の復讐手段としての自害」は史料集ではなく論文なので、史料『塵芥集』の引用元として挙げられるのはおかしい。だから、先行研究で引用している史料を、そのまま書き写している可能性が濃厚である。

そこで、注に引かれている論文を見れば、やはり「孫引き」で、論文中に引用されている史料を、そのまま写していることが判明する。清水論文を見れば、『塵芥集』は岩波書店の日本思想大系『中世政治社会思想 上』を使っているので、この場合であれば、それを図書館にいって自分の目で確かめないといけない。

もっとも、清水克行《しみずかつゆき》はこの論文の中で「原文はほとんどが平仮名であるが、ここでは文意をわかりやすくするために『中世政治社会思想　上』の漢字仮名交じり文を引用する」（傍点は村上）と書いているように、この引用文はオリジナルの『塵芥集』のとおりというわけではない。

卒業論文では、『中世法制史料集』第三巻「武家家法Ⅰ」岩波書店、一九六五年（当該記事は一四四頁）を使う方がいい。自分で原文を見れば、違った解釈ができる可能性もある。もしかしたら、安易な「孫引き」は、あなたにとって貴重な発見のチャンスを失わせているのかもしれない。

史料は自分の目で読み直す

とにかく、自分で史料を確かめることが必要である。時には、先行研究が重要な部分を読み落としている場合もある。ことによると、研究者が自分に都合のいいところだけを引用し、都合の悪いところはコッソリ省略しているかもしれない。だから、史料の典拠にあたる際は、お目当ての部分をコピーして終わるのではなく、せっかく図書館にまで行って史料集を手に取ったことだし、前後の部分にも目をとおしておこう。何か発見があるかも。

時には孫引きがバレるのを警戒しているのか、典拠を注記していない卒業論文もある（その時点でダメだけど）。しかし一般向けの書籍などで史料を読み下しているものや、現代訳されているものを引用していたりすると、史料オリジナルの文体ではないのでバレてしまう。いっておくが、教員はいくらなんでも学生よりは史料を見ているのだから、文体などが現代風になっていたり、読み下しに改変されていたら絶対に気づく。

そもそも、「孫引き」をするような手合いはロクに自分で史料も読まないで、先行研究の解釈に乗っかって、右から左に書き写しているだけだから、うまくやったつもりでも、口頭試問で史料解釈についてちょっと突っ込んだことを聞かれたら、すぐに馬脚を現すことになる。手を抜くとすぐにバレるから、決して手間を惜しんではならない。

注をつける作業

論文を書くとき、面倒なので注は後でつければいいやと後回しにして、文章だけを書いている人も多いようだが、これはお薦めできない。本文を書きながら、注も、たとえメモ書き程度でも（「東寺百合文書」あ函七号でなくても「東百あ7」とか、論文筆者や論文名全部を書くかわりに、とりあえず「鈴木　日本史研」のように、あとで自分がわかるように）書いておくこと。そうしておかないと、あとで注をつける作業をするときに、「あれ、どこにあったっけ」ともう一度、たくさんの史料や論文のコピーを探し直す二度手間になる。

その結果、面倒くさくなってしまうのか、後半になると注がほとんどなかったりする。繰り返すが、卒業論文はレポートとは違う。卒業論文ともなると注の数も増える。まあ数十を超えることになるだろうから、後で書こうと思っていても、全部を覚えていることはできないだろう。

第10章 「はじめに」を書く

「はじめに」には何を書くか

「はじめに」（論文冒頭の章＝序論）は、あなたの卒業論文の意義を示すためのものである。この世には毎年厖大な論文が作成されている。そうしたなかで自分の論文が、どのような意義があるのか、どこが新しく、今まで誰もいっていなかった発見・新知見は何か、それを相手にわかるように説明しないといけない。その意義というのは、自分にとっての私的な意義ではなく、研究史をふまえたものでなければならない。

だから、「織田信長の生き方に感動した。この混迷の時代を生き抜くためにも信長に学ばなければならない」といった理由は、「はじめに」の課題にはならない。それでは、歴史論文ではなく、ビジネス書である。そもそも、「織田信長の生き方」なるものを、実証的に解明するのが研究である。

また、「現代の対米従属型の外交について再考する」ために、幕末外交史を論じるのも問題意識としては重要だが、歴史論文の課題設定としては適切ではない。現代的な意義や問題意識を持つことは重要なのだが、これは「おわりに」で触れる方が効果的である。少なくとも、歴史学の外交史を中心とした研究史をふまえて、課題設定をする必要がある。

研究史上の意義

研究史をふまえたうえで、あなたの論文にはどのような意義があるか。その説明責任は著者であるあなたにある。読んだ人がわかってくれるというのは通用しないし、共感してもらいたいというのも無茶である。研究史をふまえて、自分の言葉できちんと説明することが必要になる。

よく見かける残念な卒業論文の書き出しが、次のようなものである。

私が新撰組に関心を持ったのは、私が京都出身で子どもの頃から新撰組について聞いてきたからだ。そこで私は新撰組について調べることにした。

これでは「夏休みの自由研究」の域を出るものではない。だれもあなたの出身地なんかに興味はないし、あなたがどんな子ども時代を過ごそうが知ったことではない。そうした疑問を出発点にすることは悪いことではないが、それで相手に共感を求めても無理というものだ。こういう漠然とした疑問からスタートすると「新撰組について調べてみる」といった、目的不明の「色んな本を読んで調べてきました」みたいなものになってしまう。

実際のきっかけは、子どもの頃からの疑問であったとしても（えてして、これも後付けの理屈のことが多いようだが）、それは胸のうちに秘めておいてほしい。論文とするからには、これから論じようとする「新撰組」についての研究史をおさえて、その研究の流れのなかに自分の研究をきちんと位置づけないといけない。

研究史を整理する

あなたがこれから論じようとするテーマについて、どのような研究がこれまでおこなわれているか（先行研究）を整理する。ここで大切なのは、先行研究の論文名を羅列するのではなく、自分の問題関心に引きつけながら論点を明らかにすることである。

よくあるのが、先行研究についてまったく言及がなく、「姫路城とは、兵庫県の姫路市にある城郭である。江戸時代初期に建てられた天守や櫓等などが現存していることでしられている。主要建築は国宝に指定され……」といった研究対象の概要紹介からいきなり始まってしまうもの。論文とは紀行文でも観光ガイドでもない。

反対に、自分の研究テーマに関わる主要な論文を、あれもある、これもある……と並べるだけ並べているだけで、それらの研究と自分の研究がどういう関係にあるのかわからないものも多い。必要なのは、全部を並べるのではなく、取捨選択して「整理」をすることである。

研究史の整理とは、これまでどのような議論がおこなわれていて、自分の研究がその流れのなかで、どのような位置にあるかを説明するためのものにならないといけない。厖大な先行研究があったとしても、すべてについて本文で羅列する必要はない。むしろ、自分自身の研究成果を意識して、重要な画期になるような研究・論文を的確に選択し、その評価をしながら論点を指摘して、研究の流れをわかりやすく整理していかなければならない。

当然、その取捨選択も含めて、筆者の責任においておこなわれるから、ここで重要な論文が脱落していたり、評価があまりにもトンチンカンだとおかしなことになる。一方で、従来の研究史ではあまり評価されていない論文や文献が、あなたの研究では重要な示唆をあたえるものになるかもしれない。そのような場合は積極的に、取り上げて評価をしていくことになる。

いずれにしても、先行研究の羅列やだらだらした引用だけではなく、論点を明確にしていく、自分自身の研究の意義づけのための作業でなければいけない。

研究史整理の方法

研究史整理の仕方はケースバイケースなのだが、絵画を歴史史料として読み解く研究をしている黒田日出男は、『謎解き洛中洛外図』（岩波新書、一九九六年）のなかで、①累積前進型、②対立抗争型、③論点整理型、④問題解決型の四つに大別している。

黒田日出男は右の四パターンについて詳しくは書いていないが、これまでの研究動向を整理するにあたっての参考にはなるだろう。

①累積前進型

累積前進型は、これまでの研究で単線的に少しずつ事実が明らかになっていくかたち。こういった場合は、時系列で重要な研究成果を適宜取り上げて、現時点での研究水準を示したうえで、「ここまでは明らかになったが、ここからは不明である。だから、この点を論じる」という構成になる。

ここで従来の研究の欠落を指摘して、それを補充する欠落補充型という応用もあるだろう。これまでの研究で「ここまでわかったが、この点についての研究がない」というもの。研究が進展していく過程で、大きな見落としがありますよと指摘するものだ。

こちらも整理の仕方は、基本的に累積前進型と同じように、研究が順調に発展しているかたちでいいだろう。ただ、そのあとで欠落を指摘するとともに、その欠落がいかに重要な問題であるかを明示する必要がある。

これらのパターンで大切なのは、欠落にしても新しく追加すべき項目にしても、それがこれまで順調に発展してきた研究に、単に新しいだけでなく、重要な論点でなければならない。なんでもかんでもやればいいというわけではない。

いいかえれば、「ここまでは明らかになっているが、この点が明確になっていない以上、おおきな欠陥・不十分点がある」ことを指摘しないといけない。

たとえば、

これまで国学者の本居宣長について、思想や著作、その生涯については多くの研究がある。しかしながら、彼が一日に何回トイレにいったかについては、まったく論じられていない。そこで、本稿では著作の分析を通して本居宣長の腸内環境について論じる。

では、指導教員のカミナリは請け合いである。本居宣長の腸内環境がなぜ明らかにされていないか、それは彼の国学者としての思想を理解するうえでは、まったく不要だからである。もし、あなたが腸内環境について論じるのなら、その必要性をきちんと説明しないといけないということになる。そのためには、これまでの研究史を理解して、そのうえでどこが盲点になっているかを見抜かないといけない。

②対立抗争型

対立抗争型は、①とは異なって、意見の一致を見ていない場合である。たとえば邪馬台国の所在地をめぐるものを想像してもらえばいいかもしれない。こういった場合は論点の対立があることを指摘して、どちらに軍配を上げるかという問題ではない。

なぜ、意見が対立しているか、史料の読みや比重のかけ方、アプローチの違いなど、ポイントになる点を指摘して、意見の対立を解決し、白黒つけるためには何がわかれば最終決着かを指摘しておかなければならない。そうしないと、あなたの論文も混乱に拍車をかけるだけのものになってしまうだろう。

③論点整理型

論点整理型は、これまでの多様でてんでバラバラな先行研究を、とにかく交通整理をするかたちである。いくつもある先行研究を、論点に沿っていくつかに分類して、どこが問題になっているか、どの辺が不一致で議論になっていたり、議論がかみ合ってこなかったかを整理する。こういう論点整理型の研究史整理は、作業はとても大変だけれど、そこに問題解決のヒントが見つかることもある。何より、こういう研究史整理が鮮やかにできると、それだけで「やるな」という感じになる。

④問題解決型

実は問題解決型というのは、黒田日出男がどういう意味で使っているのか、ややわかりにくい。あらゆる研究史整理は、課題の発見であり、研究は問題解決を目指すもののはずだから。黒田は「本書での〈研究史〉は④の型に属する」と書いているので、「私は問題を解決したぞ」といいたいのだろうか?

もっとも、ここでいう①~④はあくまでも概略を示したものなので、実際にはもう少し複雑になる。とはいえ、研究史を羅列するのではなく、整理して、自分の研究成果に引きつける、というのが「はじめに」（序論）での作業である。

こうして研究史の流れを整理して、問題点を浮き彫りにすることができれば、問題点を克服するために「どういう方法をとればいいか」も自ずと明らかになる。ここまでわかっているが、ここからはわかっていない。だからこの点を明らかにする。この点で意見の対立がある。だから、これまでとは違ったアプローチで同じ問題を考えてみる……。これまでの研究水準と問題点をわかりやすく提示したうえで、何を明らかにするかという目的を示す。そして、そのための方法・手段を提示しておくのが「はじめに」の研究史整理ということになる。

先行研究がないときは？

自分の研究テーマにかかわる先行研究がない、という場合もあるだろう。

これまでは論文探しは後回しにて、自分の問題関心に沿って史料を集めてあれこれ考えてきたけれど、いざ「はじめに」を書こうとして、先行研究がなくて自分の研究をどう位置づけたらいいかわからず、途方に暮れるというパターンである。

本当は、「ない」と言い切るには、相当の調査が必要で、ちょいちょいとパソコンで検索して見つけられないだけで「ない」というのは不遜なのだが、論文が見つけられないということは確かにある。

これはローカルなテーマ（奈良市○○村の盆踊りについて）とか、マニアックすぎるテーマ（超マイナーな戦国大名の家臣について）などの場合に起こりやすい。

奈良市○○村の盆踊りという極めてピンポイントなテーマなら、先行研究はないかもしれない（調査報告ぐらいはあるかもしれないけれど）。こういう場合は、視野（フレーム）を広げて考える必要がある。「盆踊り」を通して、何がわかるのか、何を論じようとしているのだろうか。「盆踊りを詳しく明らかにする」というのは、報告書ではあっても論文ではないから、論点を絞っていく必要がある。

盆踊りの分析から、たとえばこんなことが考えられるだろうか。（ア）地域社会の関係性（盆踊りの役割分担、参加する人としない人）、（イ）盆踊りの芸能史的な意義（念仏躍りや風流踊りとの関係）、（ウ）盆踊りと観光（観光資源としての情報発信やツーリズム）といった感じである。もちろん、他にも論点はあるかもしれない。

まず、対象とする盆踊りを通して何を論じるか（手持ちの史料から何を論じることができるか）を考えよう。

そのうえで、芸能史なら芸能史、観光史やツーリズムなら、それらの分野の研究を広くおさえて、総論的な議論を整理して、それに対して○○村の具体例（各論）から、何がいえるかという論じ方をしなければいけない。

なぜ「○○村の盆踊り」を論じるのか、隣村の盆踊りではダメなのか、をきちんと示すことが必要になる。

たとえ、最初の問題関心が私的（出身地だからとか、身近だから）なものでも、「はじめに」では、広く研究史をふまえて位置づける。この辺は、実はかなり幅広い勉強が必要になる。マニアックでニッチなテーマほど、先行研究が少ないから整理が楽というわけではない。むしろ依拠すべき直接の研究が少ないからこそ、広い視野で研究史を自分の関心に引きつけて整理するだけの力量が求められる。

こうした論点を絞った課題の設定ができていないと（本当は論題を提出する時点でできていないといけないのだが）、「はじめに」が書けないだけでなく、論文で何を明らかにするかという明確な課題設定ができないので、本論も書けない。その結果、焦点の定まらない総花的なレポート（第一章　盆踊りと地域社会、第二章　盆踊りの歴史、第三章　盆踊りと観光……）になってしまう。これでは、とても卒業論文とは呼べそうにない。

あなたにしか書けない研究史を

こうして研究史の整理の仕方を見ていくと、要は自分が明らかにしようとしていることの意義をはっきりさせるために、これまでの研究を自分の方に引きつけて道筋をつけるということになる。他の人にとって重要な研究が、あなたにとってはそれほどでもないかもしれない。これまで無視されてきた研究が、あなたの研究に重大な示唆を与えてくれるかもしれない。他の人の整理に安易にのっかるのではなく、あなた自身がこれまでの研究成果をふまえて、自分の視点でそれに僅かなりとも新しいことをつけ加えること。これが先学への敬意の示し方である。

黒田日出男は、先ほど紹介した本、『謎解き洛中洛外図』の中で

同じテーマに関する〈研究史〉であっても、研究する者の数だけそれはありうる。なぜなら、それは研究者が〈研究史〉の難問に自己を関係づける営みだからである。安易に他の人のつくった〈研究史〉に乗るとろくなことはない。

と書いている。だから、研究史の書き方というマニュアルはないし、代わりに書いてくれる人もいない。自分自身の研究を研究史に関係づけることができるのは、自分の研究を理解しているはずの「自分」だけなのだから。こうして、一般的な研究史ではなく、あなたにしか書けない研究史整理ができあがるはずである。

研究史整理とはこのようなものだから、自分の研究成果がはっきりしていない場合は、どこを焦点に整理したらいいかわからないかもしれない。律儀に最初から書こうとすると、「はじめに」でつまづいてしまって書けなくなり、提出直前まで何も書けないままという悲劇が

起こる危険がある。

筆者も学生の頃に、先輩から「「はじめに」は最後に書くものだ」といわれたことがある。最後まで論文を書いて、結論づけることができてから、そこにつながるように整理するという方法だ。場合によっては、これもアリかもしれない。最初は文献目録のようなものを作成しておくだけで、まず本論を書き進む。できあがってから、再考する。そうすると、かえってこれまでの研究の問題点や論点がよく見えるということもある。

どんなやりかたをするにせよ、大切なのは、でき上がったときに「はじめに」と「おわりに」(結論)がきちんと対応していること。本論が「はじめに」の課題解決に向けて進められていることが大切である。

研究史整理ができたら

「はじめに」で書くべきことは研究史の整理だけではない。現時点での研究水準を示し、何が問題点かを明らかにしたら、それに対して自分がどのようなアプローチで解決しようとするのか、を示す。少し難しくいえば、方法論である。

どのような史料を使って、どういう対象を切り口に、どういう方法で論じていくことで、これまでの研究で足りなかった部分を埋めることができるのか、という見通しを示すことになる。

　これは、研究史整理の段階で問題点をきっちりと浮き彫りにできていれば、それを意識することで書けるはず。少しイヤらしくいえば、従来の問題点と対比的に、この史料・方法にはこういうメリットがあるというように提示するといい。

　こうして「はじめに」では、これまでの研究をふまえたうえでの課題が提示されたうえで、論文のセールスポイント（これまでの研究との違い）が示されることになる。

　論文のセールスポイントはどこか、それは書き手にしかわからない。「先生、「はじめに」の書き方がわかりません」というのは「私の論文のセールスポイントはどこなんでしょう」というのと同じこと。営業マンが商品のセールスポイントもわからないまま、モノを売りに行っても売れるはずがないように、そんな状態で論文を書いてもいいものになるはずはない。

　論文のセールスポイント、オリジナルな点はどこになるか、そこを自分でしっかりと考えて、「はじめに」で書いておくこと。

「はじめに」の大切さ

　読者は「はじめに」で、論文の筆者がこれから論じようとしている問題について、どういう研究成果があって、どんな議論がされていて、そこにどういう問題意識と方法で、これから論じようとするかということを理解する。

読み手は必ずしも、あなたが研究しようとしている分野の専門家というわけではない。指導教員はともかく、副査の先生はあなたの論文を初めて読むのだ。「はじめに」は読者に対して、論文がこれから「どこにいこうとしているか」という見取り図を示すことになる。だから、「はじめに」が悲惨だと、読者は見取り図もなく、どこへ連れていかれるかわからないまま、大抵は悲劇的な日本語で書かれた、長いだけの「論文」（作文!?）を読まされることになる。このような苦行は教員だって、できればあまりしたくない。

そして見取り図が間違っていたら遭難である。だから、最初に「はじめに」を書けた人も、文章が完成したら見直しをすることは絶対に必要である。書いているうちに関心と方向が変わっていって、最初に書いた「はじめに」と、最後に書いた結論が対応していないというのも非常にありがちである。

文学少年、少女が陥りやすいのが、手のうちを隠しておいて、最後に一気にたたみかけて「あっ」といわせようという魂胆である。しかし、論文は推理小説ではない。最後までがまんして読んでもらえる保証はないし、結論から先に論文を読む人も多い（その方が論理展開を検証しやすい）。「あっ」といわせるのは、そんな小手先の手法によってではなく、むしろ論証の鮮やかさや分析の手法、史料であるべきである。

「はじめに」を見れば、その人の力量は一目瞭然である。だから、「はじめに」はじっくり時間をかけてとりくむこと。

自分自身の研究、ひいては自分の問題関心がどこにあるかと、何が論文の一番のウリになるか（セールスポイントは何か）、それをしっかり考えることから始まる。

第11章

「おわりに」を書く

「おわりに」が終わらないと

さて、本文をなんとか書き終えたようなら、次は結論（「おわりに」）である。結論（「おわりに」）をどう書いたらいいかわからない、という相談を受けることも少なくない。本論の要約をして、「これまで書いてきたことの結論を書けばいいよ」と答えても、頭が真っ白になるらしい。

結局、本文各章の結末を（コピペで）くり返し、「昔から人々は○○神社を大切にしていたことがわかった」といった、当たり前のまとめを書くことになる。そんなこと、本当は研究を始める前から想像ついていてたでしょ？

結論とは、本論で明らかにしたこと（事実）から、何がわかるのかということを書くものだ。といっても、まだピンとこないかもしれない。

ここで、少し唐突なのだが、次の文章を見てほしい。

医師らしいが、軍人の雰囲気をもった男、といえば、軍医ということになる。顔は黒いが、手首は白いから、熱帯地方から帰ったのだろう。彼のやせこけた顔を見れば、苦労し、病気をしたのはすぐわかる。左手の動きがぎこちないところをみると、左腕にけがをしているな。英国の軍医がこんな目にあう熱帯地方といえばアフガニスタンしかない。

（小林司・東山あかね訳『シャーロック・ホームズ全集第一巻　緋色の習作』河出書房新社、一九九七年）

これは、コナン・ドイルによる最初のシャーロック・ホームズ作品である『緋色の研究』の一節である（傍線・波線は引用者が付したもの）。

ホームズは初対面のワトソンに対して、「アフガニスタンにおられたのでしょう」といって驚かせる。その理由として、ホームズがワトソンに説明しているのが、先ほどの文章だ。傍線を引いた部分は観察してわかる事実。そして、その前後にあるのが、事実から導き出した推論である。そして、浮かび上がってきたいくつかの推論を総合し、これらの事象の背景を、矛盾なく説明することのできるできごととして、波線部の「アフガニスタン帰りの軍医」という結論を導き出している。

アフガニスタンは、一八八〇年には英国の保護国となっているが、一八八五年にロシア帝国との間で紛争が起こっている。『緋色の研究』が発表されたのは一八八七年だから、これは当時の「現代史」だったのだ。

それはさておき、この文章の要が、波線を引いた最後の一文にあることはいうまでもないだろう。これがなければ、ワトソンの観察記録にすぎない。ただの観察記録なら、ホームズでなくても書ける。

論証結果から何がいえるか

論文でいえば、本論で史料に基づき実証を積み重ねていくプロセスが本文である。①彼は軍医だろう、そして②熱帯帰りで、③負傷をしている。「おわりに」では、それをくり返して終わりではなく、そこから何がいえるか――すなわち、ワトソンが「英国の軍医がこんな目にあう熱帯地方」＝アフガニスタン帰りの軍医であるという結論――ということが重要である。

しばしば、この結論のない、ただ「わかったこと」だけを書き並べている卒業論文を目にする。たとえば、「本屋さんは本を売っているところでした。古本屋さんは古書を扱っている本屋でした。本屋にも色々あることがわかりました」みたいな、調べてみたらこんなことがわかりました……というだけのものをよく見かける。

事実関係としては、まあそうなのだろうけど、「だから何?」としかいいようのないシロモノである。自分が知りたいことを知ってよかった――というのであれば、それは人に読ませるようなものではない。その事実がどのような新しい知見をもたらすか、ということが大切である。

ワトソンの外見は、注意深く見れば誰でもわかることで、ことさらに論じる必要のないことである。そこから、何がいえるかを提示してこそ、議論になるわけである。

要は、「おわりに」では、あなたの研究対象についてではなく、対象を通して、その時代や地域、政治や文化、社会について何がわかるか、何がいえるかを述べること。それをしないと、本文で論じたことの繰り返しで終わってしまうことになる。

結論あってこその論文

「結論」が出されてこそ、その「結論」に至る推論のプロセスは妥当かどうかという議論につながっていく。読み手による論証プロセスの検証である。

再びホームズの事例に則していえば、医者タイプ・軍人の雰囲気といった観察は主観的ではないかとか、負傷と赴任地に関係がない可能性はないか、アフガニスタン以外にも軍医が負傷しうる赴任地はないかなどといった検証を経て、結論は本当に妥当かどうかが議論されていくことになる。

自分の論文で何がいえるのか、これまで史料と向きあってきて、そこからどのような事実が読み取れるかについては、かなり考えてきているはずだ。その事実から、何がわかるのか。時系列で見てきたのであれば、その変化を指摘するだけではなく、一歩踏み込んで、変化の背景——なぜ変化したのか、なぜ変化はそのときでなければならなかったのか、その社会的・政治的・経済的な背景を読み取らなければならない。

地域を比較したのであれば、ここが同じでここが違ってましたで終わりではなく、その違いをもたらした要因は何なのかを示さないといけないだろう。

人物を論じたのであれば、そのひとの生涯をだらだらと書くのではなく、その人物からどのようなことがいえるのか、その人の生き方を規定した社会的・政治的背景は？　とか、その人に代表される、ある集団や時代の特徴だとか、何を明らかにするための人物論かを意識しないと、「坂本龍馬の生き様に感動しました」といった好きな歴史上の人物を調べてみました報告になりかねない。

ここで、じっくりと自分の論じてきたことと向き合って、自分だけのオリジナルな結論を出すべし。卒業論文なんだから、結論は思い切ったことをいってもいいんじゃないかと思う。本論に飛躍があるのはよろしくないが、四年間の勉強の総決算なのだから、結論部分は無難なところに落ち着くよりは、少し冒険するくらいの方が面白いと個人的には思っている。

「はじめに」と「おわりに」

さて、ここで結論が明確になれば、もう一度自分が書いた「はじめに」を読み返すこと。結論が出た段階で、あらためて「はじめに」が、きちんと対応しているかを確認しなければならない。

「おわりに」の結論（Answer）に対して、「はじめに」の問い（Question）が適切なものになっているだろうか。ここで、「はじめに」がうまく対応していないようなら、「はじめに」の「問い」を適切なものに書き換える必要がある。「はじめに」を書くのを後回しにした人は、「結論」に対応する「問い」は何かをよく考えて、結論に辻褄が合うような「はじめに」を書いてみる。

「はじめに」が書けてくると、「問い」だけではなく、研究史整理も見直してみないといけない。「問い」が、たとえば「徳政令」に対して「このような事象の背景にあった政治的要因は」といったものなら、政治史の研究史を中心とした整理になるだろうし、「こうした政策を受けいれていった社会的な要因は」という問いになれば、社会史・文化史が中心だろう。「徳政令を必要とした経済的要因は」となれば、経済史の議論をおさえたものにならないといけない。

最初は、「徳政令」研究の歴史だけを整理していたかもしれないが、ここでさらに視野を広げる。単に「徳政令」のことを考えていたんじゃなくて、徳政令を通して当該期の政治を見ようとしていたのだというように、論文の射程が長くなってくる。これが、深さと広がりである。もちろん、締切ギリギリになって慌てて、重厚な研究史がある政治史・経済史や社会史の論文を集めてきても、とってつけたようなものになるだけ。最後は、普段からどれだけ勉強していたかが明暗を分けることになる。

そうはいっても、これでは身もフタもないので、一応の手がかりを示しておこう。手っ取り早く、一般的な研究水準をふまえて、議論を組み立てるなら、第三章で紹介したような『岩波講座日本歴史』などの「講座もの」を手に取ってみるといいだろう。

他にも自分の問題関心に近い研究者の最近の論文集などを見れば、（まともなものなら）序論で研究史の手際のいい整理があるはず。この辺を参考にして、自分なりに概要をつかむのがいいかもしれない。そのためにも、論文集を手に取るときは、自分のお目当ての論文をコピーして終わりではなく、序論をはじめとして、他の論文にも目を通しておくことが必要なのである。

第12章 下書きが書けたら

書けたら必ず読み直す

卒業論文の下書きが書けたよ！　という人は、ここで気を抜いてはいけない。必ず読み直すこと。書いているうちに、問題関心が変わってきて、前半と後半で違うことをいっている場合がある。その場合は、「はじめに」を書き直すなどして、論旨を調えよう。当初の題目とも内容がズレてきているかもしれないので、題目との整合性も確認する。

誤字脱字、変換ミスはもちろん、用語・用字の統一も確認する。主語と述語が対応していないなど、文章のおかしなところがあれば、きちんと訂正をする。和暦に西暦を付記している場合は、間違えやすいので注意をしよう。例えば、「明治元年（一九六八）」と間違えて記してしまい、明治維新が戦後にあったようになっていたら、とても恥ずかしい。

それから、数字の表記も不統一が起こりやすい。例えば、一万五千人、一万五〇〇〇人、一五〇〇〇人などの大きな数字や、二九日と二十九日のような「十」は要注意。最近のワープロソフトは親切なので、ちょっとした誤字脱字は教えてくれることがあるが、専門用語や固有名詞まで対応しているわけではないので、過信はできない。研究者の名前も間違えやすい。

注も慎重に確認する。特に注番号を手書きで入れている場合は、記入漏れがないか確認を。加筆や削除をくり返しているうちに注番号もズレる場合があるので、ちゃんと本文の注番号と注が対応しているかをよく見ておくようにすること。

文末に図表を添付している場合は、図表の番号と本文の番号は一致しているか、図表が入れ替わったり、順番を間違えたりしていないかも注意する。

ワープロソフトで注を入れているなら、追加・削除しても番号は自動的に調整されるが、見落としがちなのが、注の文章のなかにある「前掲注（7）高取論文によると……」などの注番号。ここまではワープロソフトも直してくれないので、忘れずに自分で修正しよう。

引用史料も再確認を

史料引用にミスがないかは、特に入念にチェックをすること。史料に関しては、変換ミスや打ち間違いは、論拠になる史料をおろそかにしていると見なされる。必ず、史料集や手元のコピーなどを見直して、間違いがないかチェックすること。くずし字の史料を解読したものであれば、読み間違いがないかを何度も確認しよう。

漢文史料に返り点をつけることが求められている場合は、返り点のつけ忘れがないかを入念に。「一、二」点や「上・中・下」点などは、どちらかをつけ忘れるようなことがないようにしたい。

なぜか毎年必ずあるのが、片仮名のニと漢数字の二の打ち間違い。「ニ而候」といった類だ。

こういう明らかなケアレスミスは減点対象である。うっかりミスにすぎないじゃないかと思うかもしれないが、たとえば「三分ニナリ」（三〇パーセントになる）と「三分二ナリ」（三分の二である）ではまったく意味が変わってくる。こうしたミスがあると、史料をちゃんと読めているか疑われることになる。

また、横書で入力していた原稿を、最終的に提出用の縦書きにすると「,」「.」「ミ」などが変になるときがある。

引用史料の一字下げなども、なぜかズレておかしなレイアウトになってしまうことがあるので、再確認をすること。

それから古文書の差出、宛名の高さは、互いの身分を表現する重要な情報なので、レイアウトを確認しよう。提出用に字数・行数を合わせたときに変わってしまう場合がある。

パソコンの画面上では、いくら注意していても細かい点は気づかないことが多いので、提出前には最低でも一度は印刷して読み直すようにすること。

ワープロソフトのお節介に注意

それから毎年あるのだが、あまりにも賢すぎる（？）ワープロソフトが、頼んでもいないのに余計なことをすることがある。書式の設定では大学規定の四〇字×一〇行などに設定していても、いざ出力をしてみたら行数や字数が足りない、勝手に変わってしまっている、という場合がある。

この場合、規定のページに達していると思って安心していると、実は行数不足や字数不足で規定分量に到達していないということがある。

字数が大学で定められている分量に達していない場合だけは、もう救済のしようがなく、不合格とせざるをえない。ワープロソフトのせいにしても認められない。絶対に提出前に一度は、一行の字数と行数が規定通りになっているか数えてみること。

連番の機能が勝手にはたらいて、文中の丸数字やアルファベットなどがおかしなことになっている場合もあるので、注意して全体を再確認するようにしよう。

もっと論文をよくするために

ここまでできれば、まあ提出はできそうだ。しかし時間があるなら、もっといい論文にするために、もう一度、全体をふり返ってみてほしい。

一つの文章が長すぎるところはないだろうか。その場合は、二つくらいに文を分けた方がいいかもしれない。「安土城の城下町の信長の家臣たちの動向は……」といった、「の」が多すぎる文章も駄文の典型である。この場合は「城」が二回も出ている点も気になるから、「安土城下における信長家臣の……」くらいにまとめるといいだろう。

段落冒頭に、同じ接続詞が並ぶのも美しくはない。たとえば「しかし」がくり返されているとすると、逆接――つまり前段で予想される内容と異なることが書かれるわけだから、逆接が何度も続けば、何をいっているのか混乱することになる。こういう場合は接続詞を修正するだけでなく、構成も検討した方がいいかもしれない。

読みやすさだけでなく、見やすさもポイントになる。各章のタイトルだけはゴチックにするなど、書体を変えて、前（あるいは前後）を一行あけると見やすくなる。

もし、字体（フォント）やフォントのサイズについての規定がないようなら、本文は通常の明朝体とすること。**ゴチック体**や**太めの明朝体**は目立つので見出しなどにはいいが、長い文章には向いていない（章や節などの見出しは目立つようにゴチックでも差し支えない）。

それからフォントサイズは一〇・五ポイントとか一一ポイントくらいがいいだろう。小さすぎる活字はやめたほうがいい。大抵の教員は、すでに老眼であるから。

余計なことは書かない

これまで、規定字数を埋めるのに必死で、おそらく調べてきたこと、集めた史料を目いっぱいつぎ込んできたのではないだろうか。それはそれで仕方ないことなのだが、最後の結論まで書いて見直してみたときに、論旨からいえば必ずしも必要でないこと、やや枝葉にわたることが書かれていないだろうか。

ときには「なお、余談だが……」とか「ちなみに」などと、余計なおしゃべりが書かれていることもある。論旨とはズレている余計な情報が飛び込んでくると、読み手は話がどこにいくのかわからなくなって混乱してしまうのだ。

いわば、次々と脇道に案内され、そのたびに袋小路で引き戻されるようなもの。序論から結論へと、寄り道をせずに最短距離をいくのが論文である（この辺が、試行錯誤のプロセスまで見せるなど、物語としての面白さを重視するノンフィクション文学などとは違うところ）。

結論にむかう議論に必要のないことは、本文には書かない。一直線に議論を積み上げて結論に至る……これが読み手にとってわかりやすい論文である。

自分が勉強したことをアピールしたいというのであれば、心配はいらない。内容に深みがあれば、ここに書かれている以上のことを、しっかり調べて書いているというのは十分に伝わる。反対に薄っぺらな印象を与えるものなら、どんなにあれこれと情報を詰め込んでいても、「これは、とにかく書けることを全部放り込んだな」ということは伝わってくる。

そこで、論旨からはずれていたり、必ずしも必要でない部分は思い切ってカットするか、注にまわしてみる（もちろん、規定の字数はきちんと考慮してだが。念のためカット前のデータは保存しておく方が安全である。気持ちよく削除していくと、今度は字数不足に陥る危険もあるので)。

そうすると、論旨がはっきりして、よみやすい論文になる。調べたこと、わかったことはぜんぶ書きたい……という気持ちはわかる。だが、「何を書くか」とは、自分の主張を相手に有効に伝えるために「何を書かないか」にほかならない。

誰かに読んでもらう

できれば、誰か他の人に論文の下書きを読んでもらおう。同じゼミの人ではなく、他のゼミの人がいい。同じゼミだとそれまでの苦労を知っているので、ついつい共感しながら読んでしまうかもしれない。大切なのは、初見の人にもあなたの言いたいことがきちんと伝わるかどうかだ。

そこで、「ここがよくわからないんだけど」とか、「これ、どういう意味?」と聞かれたら、その部分は説明不足である。補足説明を加えたり、もっとわかりやすい文章に書き換えたりする必要があるかもしれない。もちろん、誤字や脱字も書いている本人にはなかなか気がつかないものなので、他の人の目で見てもらうことは有効である。

それから、気取ってどこかの論文で見つけてきたような小難しい表現を使っている場合も、

「わかりにくい」といわれたら、わかりやすい表現に改めよう。

たとえば「鑑みる」とか「首肯する」とか、いかにも、よく知らないのに格好良く見える言葉を背伸びして使っているように見える文章がある。変な使い方で無知をさらけ出すより、わかりやすい言葉を使った方がずっといい。なんといっても、指導教員は普段の語彙力を知っているのだから、こんなところで背伸びしても所詮《しょせん》正体はバレている。

情緒的な表現や詩的な文章も、感性に訴えかけるものなので、自分が思っているほどは読み手に伝わらないものだ。格好いい文章や文学的な文章よりも、わかりやすく、読み手の誤読を誘発しない、平明な文章を書いてほしい。

毎年、卒業論文を読んでいると、あきれるような単純ミスや、脱力してしまうような誤字脱字が多い。本当に多い。「はじめに」の最初の一行目に誤字があったり、最初のページに何ヶ所も変換ミスがあると、それだけで印象は非常に悪くなる。

ちゃんと見直していれば防げるミスで、これまでの苦労が減点されてしまうのは、何といっても大損ではないか。時間がなくても、(提出間際で時間がない場合以外は)必ず一度くらいは読み直すこと。

大学からの配付資料を再確認

卒業論文については、書式（一行の字数や行数・縦書・横書など）や用紙（サイズ・大学所定用紙かどうか）、使用ファイルや製本の仕方など、大学ごとに厳しく定められている。図や写真、表を挿入する場合のやり方も決まっている場合がある。

大学によっては、提出にあたって学生証や印鑑などが必要になることもあるだろう。もちろん、提出期限（日時）と提出先も確認するようにしよう。

こうした決まりをちゃんと守っていないと、書式の「不備」を理由に窓口で受理されないかもしれない。知らなかったではすまされないので、必ず提出前には、大学から配られた注意書きや掲示を再確認しておくこと。思い込みは絶対に禁物である。大抵の大学では、レポート提出などに比べると、格段に厳密になっているはずだ。

同じ大学でも学部学科によって違う場合や、入学年度によって制度に変更が加えられている場合もあるので、友人や先輩から聞いた情報を鵜呑みにしないこと。不安があるようなら、事務室や指導教員に確認をしておく方が無難である。

もし、書式を間違っていたりしたら、修正が必要になる。学生証や印鑑が必要なのに忘れていたら、家まで取りに帰らないといけない。うっかりすると、それなりの手間と時間がかかることになるから、提出締切の直前に完成したものの、窓口で不備を指摘されて慌てることのないように、事前に確かめておくようにしよう。

第13章 提出締切が近づいてきたら

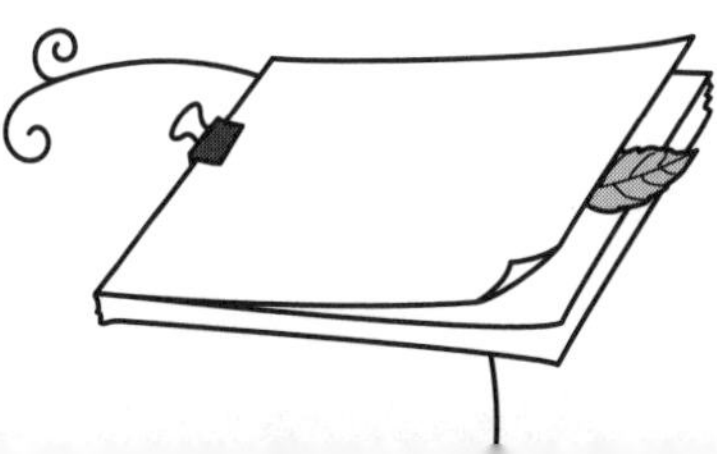

とにかく書き始めること

提出締切を目前に控えても、どうしても作業が手につかないということがあるかもしれない。しかし、あれこれと理由をつけて作業開始を先送りしていた人も、すぐに執筆を始めないと間に合わない時期がやってくる。

もっと早くから手をつけていたらよかったとか、なぜ時間のあるときにもっと史料を読んでいなかったのかとか、どうしてこんなテーマを選んでしまったのか……といった思いが去来することもあるだろう。しかし、ここに至っては、反省も後悔も卒業論文を提出し終えてからにしよう。

まず、書けるところから書き始めること。これまでのレポートのように、最初から書こうとするとつまずいて書けなくなるかもしれない。「はじめに」を書くには、研究史整理や課題の提示など、それなりにエネルギーが必要だから、ここで書けなくなってしまって、いっこうに本文に取りかかれないということにならないように。書けないようなら「はじめに」は後回しでもかまわない。結論が書けたら、その答えにふさわしい問いを考えて、それに合うように、研究史整理や理屈づけをするのも一つの方法である。

それよりも、本文が書けそうなら、まず本文を書き始めること、本文もちょっと……という場合は、とにかく絶対に使いそうな史料を入力していくこと。史料の入力にも時間がかかる。一字一字を確かめながら入力作業をしていけば、自然に今までよりも史料を眺めることになる。ここで思いがけないことに気づくかもしれない。

不安になると思うが、とにかく何でもいいから、書けることから書いていく。書けないところは後回し。後で確認が必要な部分も後で補えばいい。最初は書けないところは空欄にしておいてもいい。真っ白のままだと不安ばかりが募る。少しでも字数が増えていけば、段々と落ち着いてきて、心に余裕も出てくるだろう。

それでも、最初の一行が書けないと、どうしても書き始められないという人がいるかもしれない。そういう場合は、自分の卒業論文で、何を書こうとしているかを一言で要約する。まず、「本稿は、〇〇について論じるものである」と書き始めるといい。これで最初のハードルはクリアである。

危機管理をする

提出締切直前の時期になると、ちょっとした事故が命取りになる。二万字近い論文を書くことなんて、普通なら一生に一度のこと。いわば未知の世界である。どんな想定外のことが起こるかわからない。だからこそ、しっかりと危機管理をしておくことが重要である。

まず、データのバックアップは必須。いつ、なんどきにパソコンがクラッシュするかわからない。パソコンのハードディスクに保存しているだけだと、とても危険である。最低でも二ヶ所、できればそれ以上にデータを保存しておくことが望ましい。作業が一段落したら、その都度、パソコンに保存するだけでなく、一緒にUSBメモリなどにデータを保存しておくこと。

もし自宅で入力をして、出力は大学でする予定なら、USBメモリなどの記憶媒体は二つ用意し、両方に同じデータを入れておくのが安全。普段使っているパソコンなら問題なく使えても、別のパソコンで使おうとすると、機械がメディアを認識しないこともあるからである。ただ、電子データというのは、消えてしまうときは一瞬である。だから、ある程度の作業が進んだら、プリントアウトして紙の状態で保管していくことをオススメする。アナログな方法だが、これなら万一の事態が発生しても、スキャナーをつかって読み込むこともできるし、場合によったら、友だちや後輩に紙から入力を手伝ってもらうこともできる。紙の方が推敲は容易というメリットもある。

データの管理という意味では、インターネット上の情報も要注意。デジタルアーカイブなどに上がっている史料を使っている人もいるだろう。これは、いつでもアクセスできるからと油断してはいけない。いざ卒業論文を執筆し始め、再確認しようとすると、サーバメンテナンスやリンク切れなどで、閲覧できなくなっていることがある。卒業論文の執筆作業で確実に必要になることが予想されるものであれば、データをダウンロードして手元に置いておくか、プリントアウトしておく方が安全である。

パソコンの故障に注意

データの危機管理も必要だが、ハードの管理も大切である。普段使っているパソコンやプリンターが、故障して使えなくなることもあるかもしれない。ある日、いつものようにパソコンで卒業論文の続きを書こうとして電源を入れるが、ウンともスンともいわない……とか。毎年、一一月頃になると「パソコンが謀反を起こしました」という報告を聞くことになる。「先生、この時期にパソコンが壊れるというのは都市伝説じゃなかったんですね……」と涙目でいわれるのも、風物詩になりつつある。

パソコンが壊れて、慌てて買いかえたパソコンが納品されるまで、ネットカフェで卒業論文を書いていたという話もあった。自宅生でパソコンを家族が共同で使っている場合には、「お父さんが出張にノートパソコンを持っていってしまった」という笑えない話もある。

周辺機器も要注意

事故が起こるのはパソコンだけではない。プリンターが故障したり、いざ出力しようとしたらインク切れや紙づまりを起こしたり、プリンターを無線で使っているとネットワークトラブルが起こったり、本当に色んなことが起こる。

インクや紙などの消耗品は、あらかじめ多めに用意しておくこと。いざというときのために、マニュアル類がどこにあるかも確認しておこう。ハードの故障は、前触れもなく発生するものなので対策の立てようはないが、なぜか切羽詰まっているときに限って、色々なトラブルが起こるものだ。パソコンがフリーズしたり、出力しようとしたらＯＳが勝手に更新を始めたり……。ギリギリの状態で不測の事態が発生すると、パニックになってしまうから、何があっても冷静に対応できるように、ある程度の余裕をもって作業をするに越したことはない。

とにかく時間ギリギリの提出はしない。事故で電車が止まったり、バスが渋滞に巻き込まれたり、慌てて怪我をしてしまったり、不慮のアクシデントで提出できないリスクが高まってしまう。できれば提出受付期間の初日に提出するくらいのつもりで作業をすること。

心身に気をつけて

この時期に壊れやすいのは機械だけではない。不思議なことに、人間も故障しやすくなっているようだ。

次第に冷え込む季節、夜遅くまで頑張っていると身体が冷えてしまうのか、風邪をひいてしまう人も多い。無理をして一晩徹夜しても、体調を崩して二日寝込んでしまっては元も子もない。無理はしないで体調管理はしっかりとしよう。

まずは、計画的に作業を進め、しっかり睡眠を取って、三度のメシをちゃんと食べて、風呂に入ること。時には（適度に）気晴らしも。励みになるので、卒業論文提出後のお楽しみ計画も立てておこう。

そして、大学の授業には出席すること。作業が佳境に入ると時間をかけて大学に行くよりも、うちで卒業論文を書いていた方が……と思うかもしれない。しかし、週に一回の卒論ゼミには出るようにしよう。他の人も同じようなことで悩んでいるかもしれない。ひとりであれこれと悩むより、他の人の力を借りればうまくいくこともあるかもしれない。他の人のゼミ発表の内容にヒントがあるかもしれないし、ゼミ発表に対する教員のアドバイスは、発表をした人以外にも、役に立つことがあるはずである。

そもそも、ゼミとは、先生に教えてもらう場というよりも、発表と討論によって互いに成長をする場だと思う。指導教員のコメントもさることながら、討論での他の人からの「質問」によって、自分が思いもしていなかったことや、考えてもいなかったような視点に気づく。これが、独学にはない、ゼミの強みである。気づきの機会となる「質問」は、自分の発表に対するものに限ったものではないから、ゼミを欠席することは、こうした気づきの機会を失うことである。もちろん、あなたもゼミでは遠慮せずに質問を積極的にしよう。

提出前に

卒業論文を提出する際には、原稿をファイリングしたり製本したりして、必要書類を添えて窓口に出すことになるだろう。やっと完成した、とホッとするのもわかるが、ここで最後の仕上げになる。原稿を綴じるときに穴を開けるところを間違えないようにすること。縦書きの場合は右側に穴を開けること。ファイルに綴じたり、製本した際の表紙の前後や上下が逆にならないようにしないといけない。当たり前だと思うかもしれないが、間違える人が少なくない。特に、縦書きで提出する際は、いつも使っているノートやファイルが横書きばかりなので、ついつい間違えてしまいがちのようだ。穴を開けてしまうとどうしようもない。プリントアウトからやり直しになるので、間違えないようにしてほしい。

それから、製本やファイリングをするときは、できるだけきれいに綴じよう。これは心がけの問題であって、きれいでなければダメということはないのだが、穴の位置があわず、用紙がバラバラで揃っていないものも見かける。穴を開ける前に、紙の束を整える。手間といえば、それだけのことだ。表紙の表題も、手書きなら丁寧に書くように心がけたい。

これは、読み手への配慮にもなるが、何より自分の作品である、卒業論文への愛情である。今まで苦労して書いたものなのだから、できるだけ身支度を調えてあげて、きれいにしてから提出してあげようではないか。

提出したら

提出を終えれば――これでしばらくは自由だ。お疲れ様。まずは帰って、ゆっくり寝て、疲れを取ろう。

ただし、大抵の大学では、卒業論文は出せば終わりというわけにはいかない。その後に、最後の試練となる口頭試問（口述試験）などが待っているはずだ。論文を読んだ指導教員（主査）と副査の先生から、あれこれと内容について質問され、それに答えないといけない。

よく、学生から「口頭試問では、どんなことを聞かれるのですか」といった質問をうける。申しわけないが、この質問には答えられない。口頭試問＝口述試験なので、いわば「どんなことが聞かれるか」という質問は、どんな試験問題が出るかという質問と同じなのだから。それに、副査の先生がどんなことを聞いてくるかは、主査の指導教員にもまったく予想がつかない。

口頭試問の準備はどんなことをすればいいか、これもよく聞かれるのだが、論文を提出してしまった後なので、内容面でのフォローはできない。まずは、提出してから口頭試問まで少し時間があるのが一般的なので、あらためて自分の書いた論文を読み直し、史料の読みや解釈、論旨などを確認しておくこと。引用した史料くらいは声に出して読めるようにして、内容を説明できるようにはしておいた方がいいだろう。

一般的には相手はプロなので、自信がなかったり、ちょっと誤魔化したようなところは見逃してもらえないと思って覚悟した方がいい。あとは、史料の解釈は妥当か、論理に飛躍はないか、他の解釈や可能性はないか……といったところが論点になるであろう。口頭試問の場では、こうした疑問や批判に対して、一つ一つ丁寧に自分の言葉で考えを述べていくことになる。

誤解のないように付記しておくと、何の疑問も出てこない論文はいい論文ではなく、議論の意味がない、つまらない論文である。だから、色々な疑問が矢継ぎ早に繰り出されるからといって、必ずしもダメな論文だというわけではないから、安心してほしい。

おわりに

　ここまで、あれこれと卒業論文を書くために必要なことを書いてきた。ハードルの高さに驚いただろうか。色々としなければいけないことがたくさんあって大変そう、とても自分にはできそうにない……と思ったかもしれない。しかし、心配はいらない。毎年、卒業した学生たちは、みんな苦労しながらもちゃんと卒業論文を書き上げているのだ。あなたにだってできるはずだ。

　史料の探し方、読み方、文献の探し方など、どれも実は今まで大学で講義をうけ、演習で報告をしてきているなかで、身についているはずのことばかりなのだ。与えられた課題に対してではなく、自分が見つけたテーマ、研究対象に対してこのスキルを使って挑んでいくだけのこと。だから、最初のうちこそ苦労もするだろうが、作業を進めているうちに慣れてくるだろうし、要領もわかってくる。あたりをつけた史料集に予想通りの記述を見つけたり、何となく手に取った本におあつらえ向きの史料が載っていたりするようになれば、きっと楽しくなってくるはずだ。

もちろん、それなりに大変ではあるだろう。大学の四年目ともなれば、就職活動も忙しく、場合によっては、教育実習や教員採用試験などもあって、心身ともに消耗することも多いと思う。しかし、そんななかで自分が見つけたこだわりのテーマに取り組んで、問題解決の方法を試行錯誤し、史料を探して自分なりの結論を見つけることができたら、きっとその後の生活でも大きな自信になるはずである。

「はじめに」で述べたように、みなさんがこだわったテーマには、きっとあなた自身のなかにある「何か」と関わりがあるはずだ。それを、卒業論文を書くという作業を通して向き合って、「自分」が「世界」や「社会」とつながっていることを発見したら、あなたの視野も大きく広がっているだろう。

本書で何度か、その言葉を引用してきたが、安丸良夫という研究者は「歴史学的な知」について、「世界の秘密をいっきょに解き明かす」ようなものではないが、「私たちの生きることとの意味についてゆっくりと媒介的に考えさせてくれる鏡たりうるもの」だと述べている（安丸良夫『現代日本思想論』岩波現代文庫、二〇一二年、一六七頁）。卒業論文の執筆を通して、自分自身の関心と向き合い、先行研究や史料を読んで、考えて、手にした自分なりの結論は、きっとどこかで「生きることとの意味」と結びついているはずである。卒業論文は、今すぐに役立つものではないかもしれない。しかし、いつの日か「ゆっくりと」あなたが「生きている意味」を教えてくれるだろう。

だから、精いっぱいの卒業論文を書きあげて、達成感とともに大学を旅立ってほしい。みなさんにとって卒業論文が「終わり」ではなく、「始まり」であってほしいと願うばかりである。

あとがき

あらためて、何があるかわからないものだと思う。

本書は、もともと毎週金曜日の三限目におこなっている演習の際に、「週刊　卒論を書くために」と称して、夏休み前から九回にわたって発行していた小冊子がもとになっている。コピー機とホッチキスを駆使した八頁くらいの、手づくりのささやかな冊子である。毎回、少し多めに印刷しておいて、残部は誰かの役に立てばいいかと思って、研究室の前に「ご自由にお取りください」と書いて出しておいた。

ある日、それを目にした同僚が、大学の史学科ホームページにあげませんかといってくれた。少しは小冊子を手に取ってくれていた人もいたようなので、そうしてもらえれば増刷しなくてすむ――くらいの軽い気持ちで了承した。その翌日、京都で開かれていた比較的大きめの学会に参加すると、複数の人から立て続けに「「卒論を書くために」を読みました」と言われて仰天してしまった。どうして知っているのか聞いたら「ＳＮＳで話題ですよ」と言われたのである。まさか、そんなことになるなんて思いもしていなかった。今さらながら、インターネットの影響力がいかに大きいかを痛感した次第であった。

実は、もとの「週刊　卒論を書くために」がインターネットで評判になっているのを知ってから、心中には複雑なものがあった。そもそも、論文の書き方や史料の集め方、読み方などは普段の授業のなかで身につくはずのもので、こうした冊子を書いて学生に配っていること自体が、いわば自分の指導力不足の証拠にほかならない。また我が身を省みても、論文を書くときに調査がしっかりとでき、誤解の余地がないような文章を書けているかといわれれば、返す言葉もない。論文のタイトルをつけるのも実は苦手で、本書で示したダメな例を地でいくような表題の論文を、いくつも書いている。

そんな、教員としても、研究者としても中途半端な自分自身が、頼りない経験をもとにして書いたものだから、おそらく不十分なところも多いだろう。アタリマエのことばかりでもあるし、インターネット上の情報を離れて、こうした書物とするには、今なおいくらか躊躇がある。同業者の目も気にならないかといえば嘘になる。「ロクな論文も書いてないのに、論文の書き方とは厚顔無恥にもほどがある」「そんな本を書く暇があるなら、もっと論文を書け」——そんな声も聞こえてきそうだ。

だが、「歴史を学びたい」と考えている誰かの役に立つならば、という気持ちもあって、あえて一書にまとめておくことにした。誤りなどがあればご指摘いただきたい。

本書は、昨年度の卒業論文の提出締切がすぎて、少し落ち着きを取り戻した冬休みの期間を利用して、小冊子の原稿をもとに大幅に加筆をしたものである。もとの小冊子にあった勤務先の大学固有の情報は削除し、多くの人に使ってもらえるように一般化するよう心がけた。

文中では、論文名や文章の例として、多数の先学のものを引用させていただいた。これらのすぐれた諸先輩のご研究の数々からは、その研究成果はもとより、論文名や構成などまで、多くの点で学ばせていただいている。例示にあたって、どうしてもこうしたお仕事が真っ先に想起されたからにほかならない。また、研究論文に準じて、引用・本文ともに失礼ながら研究者のお名前は敬称略とさせていただいている。その点についても、どうかご海容いただきたい。

原稿完成後も色々とはあったが、創元社の山口泰生氏のおかげで、こうして驚異的な早さで刊行していただけることになった。

もともとは私のゼミ生に向けたものだから、執筆の際には、あちらこちらで具体的なゼミ生や卒業生の顔が思い浮かんでいた。演習や卒業論文の準備に向けて取り組んできた学生たちとのやりとりのなかで、自分自身もわかっていたつもりになっていた論文の書き方について、あらためて考えることもできた。そういう意味で、まずは頼りない私のゼミで、それぞれの「こだわり」がいっぱい詰まった卒業論文を書き上げてくれた卒業生と、卒論に現在進行中で取り組んでいる現ゼミ生のみなさんにお礼を述べたい。通信教育部の方たちからも、純粋に「学ぶ」ことに取り組む姿を通して、色々と気づきの機会を与えていただいた。

そして、勤務先の大学でおこなわれているオープンキャンパスに訪れてくれる多くの高校生にも感謝したい。大学で歴史を学ぶことに興味を持って、目を輝かせて拙い説明を聞いてくれている高校生の純粋な姿を見ると、いつも忘れかけていた「大学で歴史を学ぶこと」に憧れて上洛したころの初心を思い出す。どんなに大変でも、あのときの気持ちは忘れずにいたいものだ。

思えば、私が卒業論文を書いたのは、今から二七年も前のことになる。ある研究者の印象的な論文に触発されて、中世京都の五条橋と信仰について論じたものであった。今になってみると、恥ずかしいものでしかないのだが、その時に絵画や文学作品を史料として使えないかと試行錯誤してみた経験は、今でも生きているように思う。卒業論文は自分にとっても、研究の原点といえるかもしれない。

それから四半世紀以上も、歴史を学び続けることができている幸運を思わずにはいられない。幸運が続く間は、拙くても研究を続けるとともに、ひとりでも多くの人に「歴史を学ぶことの楽しさ」を伝えたいと思う。

本書が、さまざまなかたちで歴史を学びたいと思っている人にとって、いくらかでも役に立つことがあれば、これにまさる喜びはない。

最後に、毎度ながら拙著の校正に協力してくれている妻にも感謝している。本文で述べたように、「他の人に読んでもらう」ことの大切さを、いつも教えられている。

村上紀夫

二〇一九年八月二三日

著者略歴

村上紀夫 *MURAKAMI Norio*

1970年愛媛県今治市に生まれる。歴史が好きで、高校時には地元の寺社や城跡などを頻繁に調査・見学。日本中世史を学ぼうと立命館大学文学部史学科へ。その後、大谷大学大学院文学研究科に進学し、博士後期課程を中退。2013年に博士（文学）を奈良大学で取得。主に近世京都の庶民信仰を研究している。現在は、奈良大学の文学部史学科教授として日本文化史を担当。著書に『近世勧進の研究』（法藏館、2011年）、『まちかどの芸能史』（解放出版社、2013年）、『京都地蔵盆の歴史』（法藏館、2017年）、『近世京都寺社の文化史』（法藏館、2019年）などがある。

歴史学《れきしがく》で卒業論文《そつぎょうろんぶん》を書《か》くために

2019年9月20日　第1版第1刷　発行
2025年3月10日　第1版第8刷　発行

著　者 ……………………………………
村上紀夫
発行者 ……………………………………
矢部敬一
発行所 ……………………………………
株式会社 創元社
https://www.sogensha.co.jp/
本社　〒541-0047 大阪市中央区淡路町4-3-6
Tel.06-6231-9010　Fax.06-6233-3111
東京支店　〒101-0051 東京都千代田区神田神保町1-2 田辺ビル
Tel.03-6811-0662
印刷所 ……………………………………
株式会社 太洋社

ISBN978-4-422-80041-7 C1381

〔検印廃止〕
落丁・乱丁のときはお取り替えいたします。